Ihr Hobby

Killifische

Dr. Jürgen Schmidt

INHALTSVERZEICHNIS

© 1998 by bede-Verlag, Bühlfelderweg 12, D-94239 Ruhmannsfelden
E-mail: bede-Verlag@t-online.de; Internet: http://www.bede-verlag
Konzept der Reihe „Ihr Hobby...", Herstellung und Gestaltung: bede-Verlag

Deutsche Killifisch Gemeinschaft, DKG:
Geschäftsführer: Markus Thun, Oskar-Hoffmann-Str. 161, D-44789 Bochum
Mitglieder erhalten die Zeitschrift „DKG-Journal".

Bildnachweis: Aqualife Taiwan, Dr. J. Schmidt oder bede-Verlag; sofern nicht anders vermerkt. Wir danken Aqualife Taiwan für die Unterstützung.

ISBN: 3-931 792-69-2
bede-Bestellnummer: HO 364

Die farbenprächtigsten Aquarienfische finden sich unter den eierlegenden Zahnkarpfen, die landläufig auch als Killifische bekannt sind. Dennoch haben sich diese Fische in der allgemeinen Aquaristik wenig durchsetzen können, während die Killifischaquarianer teilweise bis heute unter sich blieben und als „eingeschworener Haufen" gelten.

Der Name Killifische hat sich besser als der etwas kompliziertere Name eierlegende Zahnkarpfen eingebürgert. Der Begriff Kill stammt aus dem Niederländischen und bedeutet kleines Gewässer oder Graben. Dieser Name weist also keineswegs auf besonders aggressive Fische hin, wie vielleicht vermutet werden könnte, sondern auf den Herkunftsbiotop der Fische hin.

Vorurteile, die größtenteils unberechtigt sind, wie es bei diesen ja meist so ist, haben diese Entwicklung zur Ursache. Dem entgegenzuwirken soll dieses Buch beitragen helfen. Die sprichwörtliche Kurzlebigkeit der Killifische ist eines sol-

Gardners Prachtkärpfling, Aphyosemion gardneri, *ist ein sehr beliebter Killifisch, von dem es zahlreiche Farbvarianten gibt.*

Oben:
Aphyosemion gardneri *von „P-82" (Erläuterung, s. S. 14).*

Links:
Aphyosemion gardneri akure.

Fotos: Aqualife Taiwan

Die Vielfalt der Erscheinungs-formen und -farben macht die Killifische besonders interessant. Hier: Aphyosemion gardneri *von „Rayfield".*
Fotos: Aqualife Taiwan

cher Vorurteile, die bei einer artgerechten Pflege der Fische völlig unzutreffend sind. Zwar sind eine gewisse Anzahl der Killifische, vor allem die Arten der Gattung *Nothobranchius*, in der Natur Saisonfische, die nur eine Regenzeit überleben, doch können auch diese Fische im Aquarium ein Jahr alt oder sogar älter werden. Die Mehrzahl der beliebtesten Killis ist allerdings in Gattungen, wie *Aphyosemion* oder *Aplocheilus*, zu finden, deren Vertreter durchaus drei und mehr Jahre alt werden können, vor allem dann, wenn sie relativ kühl gehalten werden. Ein weiteres Vorurteil ist die Aussage, daß Killifischaquarien langweilig seien. Das stammt wahrscheinlich daher, daß anläßlich der regelmäßig stattfindenden Killifischausstellungen gewöhnlich relativ kahle Aquarien mit nur wenig Grün zur Vorstellung der Fische genutzt werden. Dabei lenkt zwar wenig von den herrlichen Farben der Fische ab, aber der Gesamteindruck leidet dennoch darunter. So bleibt es fraglich, ob diese Ausstellungen den gewünschten Effekt,

nämlich eine Werbung für unser schönes Hobby darzustellen, wirklich erreicht. Nicht zuletzt bewirkt die Einzelhaltung der Killis, wie sie vielerorts zu sehen - und im Prinzip auch zu befürworten - ist, das Gerücht, Killis seien nicht oder nur schwer zu vergesellschaften. Das Gegenteil ist der Fall. Sicherlich gibt es Arten, die besondere Ansprüche stellen, und andere, bei denen sie die Weibchen von verwandten Arten kaum unterscheiden, doch sind die Fische in der Regel friedlich und lassen auch den Pflanzenwuchs völlig unbehelligt. Deshalb ist es gar nicht ungewöhnlich, beispielsweise verschiedene Killifischmännchen in einem bepflanzten Gesellschaftsaquarium zu pflegen, während die Weibchen getrennt gehalten werden und so intensiv gefüttert werden können, ohne dadurch das Wasser im Wasserpflanzenaquarium zu stark zu belasten. So können die Weibchen dann gut einen Laichansatz bilden und werden erst später mit dem Männchen zum Ablaichen zusammengesetzt.

Killifischaqua-
rien können
durchaus mit
Pflanzenwuchs
ausgestattet
sein.
Es ist ein
Gerücht, daß
Killifischaqua-
rien trostlos,
mit braunem
Torf und „Blub-
berfilter" sein
müssen.
Foto: Dr. J.
Schmidt

Aquarianer und viele naturkundliche Interessierte, die erstmals Killifische zu Gesicht bekommen, sind zunächst von diesen fantastischen Fischen begeistert. Viele von ihnen möchten diese Fische selber pflegen und erleben dabei zunächst oft eine Enttäuschung. Denn wenn Sie nicht gerade in einer Großstadt leben, dann ist es doch eher unwahrscheinlich, daß Sie ihre Wunschfische bei Ihrem Zoohändler finden. Ihre Wünsche wird er aber dennoch erfüllen können, indem er die Killifische bei der nächsten Sendung vom Großhändler mitbestellt. Tatsächlich gehören Killifische nicht gerade zum ständigen Angebot, und deshalb ist es manchmal nicht immer ganz einfach, bestimmte weniger häufige Arten zu erhalten. Aber diese Probleme lassen sich mit etwas Geduld und zunehmender Erfahrung durchaus lösen.

Aber damit, die Killifische überhaupt zu erhalten, sind noch lange nicht alle Probleme gelöst. Aber es gibt durchaus eine Anzahl Tips und Kniffe, bei deren Berücksichtigung eine erfolgreiche Killifischpflege relativ problemlos möglich wird. Aber bei der Pflege von - selbst bei über drei Jahre alt werdenden - recht kurzlebigen Fischen muß der Aspekt der Zucht entsprechende Berücksichtigung finden. Denn die Killifischzucht ist sicherlich einer der interessantesten Aspekte der Aquaristik.

Es gibt nicht wenige Aquarianer, die nach anfänglichen Zuchterfolgen mit einfachen, aber prächtigen Arten, wie etwa dem Kap Lopez, *Aphyosemion australe*,

Die Goldzucht-form des Kap Lopez, Aphyo-semion austra-le, *ist eine der bekanntesten Killifischarten. Foto: Aqualife Taiwan*

auch ihre Erfahrungen mit anderen schönen Killifischen machen möchten.

Entgegen den zuvor genannten Vorurteilen ist doch eher so, daß viele Killifische eher zu den robusteren Fischen zählen, die bei ihrer Pflege auch einmal den einen Fehler oder die andere Unaufmerksamkeit verzeihen, was bei anderen Gruppen sofort mit Krankheiten der Fische oder schlimmerem bestraft würde. Natürlich ist es nicht so, daß wir unsere

Killifische einfach in einen Behälter setzen können und die Fische dann alles weitere allein regeln, doch hält sich der zu erwartende Aufwand sehr in Grenzen. Deshalb ist die Pflege von Killifischen ein für jeden Naturfreund geeignetes Hobby. Denn selbst auf anderes spezialisierte Aquarianer können ohne weiteres ein paar kleine Aquarien mit Killifischen „so nebenbei" mitbetreiben. - Und bei einer nicht unbeträchtlichen Zahl von Aquari-

anern ist aus dieser schönen Nebensache eine echte Leidenschaft geworden. Denn nicht nur die schönen Farben der Killis vermögen zu begeistern, sondern auch ihre Balz und ihr lebendiges Ablaichverhalten sind interessant zu beobachten. Denn es ist beispielsweise durchaus möglich, ein Pärchen der kleineren Killiarten in einem Miniaquarium zu pflegen und zu züchten, das gerade zehn Liter Wasser faßt, über keine Heizung verfügt und daher lediglich die Zimmertemperatur von etwa 20 °C aufweist.

Dadurch ist die Zucht keineswegs ein Gebiet der Spezialisten, sondern wirklich jedem Aquarianer möglich und wird außerdem nicht durch erhebliche Investitionen in technisches Zubehör oder einen großen Platzbedarf eingeschränkt, wie es beispielsweise in der Meerwasseraquaristik der Fall ist.

Der Grund für diesen aquaristisch außergewöhnlichen Umstand ergibt sich aus der natürlichen Lebensweise der Killis. Denn sie sind in der Lage, auch in wenig bewegten Gewässern mit einem geringen Sauerstoffgehalt nicht nur zu überleben, sondern sich dort meist sogar erfolgreich fortzupflanzen. Dadurch

können die Killis Lebensräume besiedeln, die vielen anderen Fischarten kaum zugänglich und deren Bedingungen für sie auch auf die Dauer nicht erträglich sind.

Die Pflege in kleinen Aquarien ist deshalb notfalls akzeptabel, da sie teilweise durchaus eine Nachahmung der Lebensumstände in der Natur darstellen. Viele Killifische fühlen sich tatsächlich auch in einem begrenzten Bewegungsraum durchaus noch wohl, der durch eine dichte Wasserpflanzenvegetation zusätzlich eingeschränkt sein kann. Dies ist zum Beispiel bei manchen Vertretern der Gattung *Aphyosemion* der Fall.

Jeder Killifischfreund, der einmal eine Sammelreise in die natürlichen Lebensräume Afrikas, Amerikas oder Asiens unternommen hat, wird bestätigen können, unter welchen manchmal geradezu unglaublichen Bedingungen unsere Killis dort leben.

Eine Erklärung für die zahlreichen Entdeckungen neuer Arten in der jüngsten Vergangenheit - vor allem in Afrika -, ist sicherlich dem Umstand zuzuschreiben, daß diese Fische an Stellen vorkommen, wo sie unvoreingenommene Sammler kaum vermuten würden, weil es kaum anzunehmen erscheint, daß dort Fische leben könnten!

Viele Aquarianer sprechen ihre Zuchterfolge einem großen Wasservolumen ihrer Aquarien zu - dies vor allem dann, wenn es um Buntbarsche oder Meerwassertiere geht. Es ist deshalb eine nur allzu verständliche spontane Reaktion, daß der Killifischfreund ohne weiteres

Schöne Pflanzenaquarien und Killis müssen kein Widerspruch zueinander sein.
Hier
Lamprichthys tanganicanus, der Tanganjikaseekärpfling.
Foto: Dr. J. Schmidt

Ein Zweistrei-
fenkärpflings-
männchen,
Aphyosemion
bivittatum
splendopleure,
von „Kompon-
go C89/1".
Foto: Aqualife

Nachdenken auch seinen Killis ein dem-
entsprechendes großes Zuhause anbieten möchte. Darum ist auch in diesem
Fall einer gewisse Gewöhnung an den
Gedanken nötig, daß in der Natur am
besten dort nach Killis zu suchen ist, wo
möglichst wenig Wasser vorhanden ist.
Es sind deshalb vor allem jene Aquarianer, die in ihren schönen großen Aquarien Buntbarsche, vielleicht sogar Diskus
oder andere größere Fische erfolgreich
gezüchtet haben und nun auf Killifische
umsteigen, welche sich oft den größten
Anfangsschwierigkeiten gegenüber sehen. Daraus wird deutlich, daß sich der
Erfolg eines Aquarianers keineswegs
proportional zur Größe seiner Aquari-
en oder seiner Anlage bewegt. Es ist also
durchaus keine Tierquälerei, wenn Killifische in kleinen Aquarien gepflegt und
gezüchtet werden. Wie einleitend bereits
angedeutet, ist leider oft festzustellen,

daß Killifische noch immer nur mit Einschränkungen im Angebot der Zoofachhandlungen zu finden sind. Trotzdem gibt es eine Anzahl Möglichkeiten, die gesuchten Killis zu erhalten.

Der Zoofachhandel

In vielen Fällen begegnen Aquarianer ihren ersten Killifischen beim Zierfischhändler. Trotzdem ist selbst der spezialisierte Zoofachhandel nicht allzu gut mit den seltenen und wenig nachgefragten Fischen ausgestattet, die zudem - wenn auch oft zu unrecht - als empfindlicher als die durchschnittlichen Aquarienfische gelten. Deshalb sind Killifische hier nur gelegentlich zu finden und dann gewöhnlich auch nur einige wenige besonders robuste Arten. Gegenwärtig sind es wohl in der Mehrzahl der Fälle *Aphyosemion amieti, A. australe, A. gardneri, A. striatum, Epiplatys dageti, Nothobranchius palmqvisti* und vielleicht noch die eine oder andere weitere Art. Aber auch diese Fische sind in dem meist sehr leitfähigen und dadurch harten Wasser der Verkaufsbehälter nur über einen kurzen Zeitraum bei Gesundheit zu halten, und deshalb muß vom Aquarianer nach dem Eintreffen einer Lieferung so schnell wie möglich zugegriffen werden. Dies also völlig anders als bei den anderen Aquarienfischen, bei denen eher Vorsicht und längere Beobachtung der Fische angesagt sind.

Die meisten importierten Killis im Handel kommen heute aus Züchtereien in den Niederlanden oder bestimmten Ländern Osteuropas.

DKG-Journal

Kann Ihr Zoohändler ihnen wider Erwarten nicht weiterhelfen, um Ihnen Ihre Wunschfische zu verschaffen, dann können Sie auch versuchen, die gewünschten Killis von der Deutschen Killifisch Gesellschaft, kurz DKG, zu erhalten (Anschrift s. vorn, S. 2).

Im deutschsprachigen Raum finden sich ständig Killifischangebote in dem „Journal der Deutschen Killifisch Gesellschaft". Die Zielsetzung der sich aus normalen Aquarianern zusammensetzenden DKG besteht in der Förderung der Killifischzucht und in der Verbreitung dieser Arten unter ihren Mitgliedern und in der Aquaristik. Das zweimonatlich erscheinende DKG-Journal beinhaltet in der Beilage „DKG-aktuell" Kleinanzeigen, durch welche Interessenten direkt zu interessanten Arten von solchen Aquarianern kommen können, denen eine Vermehrung der Fische geglückt ist. Auf diese Weise erhalten Sie in nahezu allen Fällen Zuchtstämme von ausgesuchter Qualität. Zudem können Sie den Anbieter um eine nähere Beschreibung der Fische und um nähere Hinweise zu den Haltungsbedingungen bitten. Diese werden gewöhnlich nichts gegen Ihre Fragen einzuwenden haben.

Tagungen und Zusammenkünfte der Killifischfreunde

Die weitere Gelegenheit, Killifische zu finden und zu sehen, ist natürlich die Teilnahme an den Treffen der Killifreunde. Diese werden von der DKG und den Regionalgruppen regelmäßig veranstaltet und gliedern sich in verschiedene Arten von Veranstaltungen: Jedes Jahr organisiert die DKG am Himmelfahrtswochenende im Mai ihren Jahreskongreß, in dessen festgelegtem Verlauf es neben interessanten Diavorträgen auch Gelegenheit zum Erwerb von Fischen gibt. Es findet eine Ausstellung statt, anläßlich der die Fische prämiert und anschließend viele von ihnen versteigert werden, wobei dann etliche hundert Pärchen Killifische neue Besitzer suchen. Dabei handelt es sich in der Regel um bereits erwachsene Exemplare in vollster Farbenpracht, die miteinander wetteifern. Wohl kaum einer, der sich auf den Weg hierher macht, wird enttäuscht werden.

Die Regionalgruppen sind Treffen der Killifreunde und stets bemüht, weitere Aquarianer für ihr Hobby zu interessieren. Regelmäßig finden Regionaltreffen statt, wobei Gäste herzlich willkommen sind. Zu diesem Anlaß haben die einzelnen Killizüchter die Möglichkeit zum Austausch von Erfahrungen und zum Anbieten der Ergebnisse ihrer Zuchtbestrebungen. Somit profitieren alle, ganz besonders aber die Neueinsteiger, die auf diese Weise zu Fischen kommen, die nirgendwo anders erhältlich sind.

Der normale Preis für ein Pärchen Killifische übersteigt in Deutschland selten die Grenze von zwanzig Mark, was wohl kaum als übertrieben bezeichnet werden kann. Außerdem liegen viele der Angebote unterhalb dieser Grenze, und wenn einmal für Fische ein erheblich darüberliegender Preis gefordert wird, dann kann der Neuling sicher sein, daß es sich um eine extrem seltene, gerade neu entdeckte oder ausgemacht schwierig zu vermehrende Art handelt, von welcher er als Anfänger die Finger lassen sollte. Zunächst ist es besser, sein Glück mit weniger kostspieligen Arten zu versuchen, die dessen ungeachtet mindestens genauso prachtvoll sind.

Killifische per Post tauschen

Wie sind nun aber die Fische - die Sie aufgrund einer Kleinanzeige ergattern konnten - zu erhalten? Per „Post" natürlich. Diese Vorgehensweise ist für den erfahrenen Killifreund selbstverständlich, bedarf jedoch einiger Erklärungen für den Neueinsteiger, denn ein erfolgreicher Versand hängt von der Beachtung einiger einfacher Regeln ab.

Grundsätzlich ist zwischen zwei Arten des Versands zu unterscheiden: Zum einen natürlich den von Fischen, zum anderen aber auch von befruchteten Eiern.

Die Post nimmt keine lebenden Tiere zum Versand an, deshalb muß hier auf Paketdienste ausgewichen werden. Das Verschicken von Fischen erfordert die Beachtung mehrerer Aspekte, so beispielsweise eine stabile Verpackung, Fische mit leerem Magen, damit ihr Kot nicht das Wasser im Transportbeutel belastet, und die Beschränkung auf einen Fisch pro Beutel, in dem sich mehr Luft als Wasser befindet. Jeder Beutel erhält eine Aufschrift mit der genauen Bezeichnung seines Inhalts. Sämtliche Beutel einer Sendung werden wiederum in einen großen, hermetisch abgedichteten Beutel verpackt, und das Ganze kommt in einen stabilen Karton, der mit Syroporplatten gefüttert ist und dessen danach verbleibenden Hohlräume mit Styroporflocken oder ähnlichem ausgefüllt werden. Das Paket wird als Expreßfracht aufgegeben und muß innerhalb des Landes spätestens nach zwei Tagen am Bestimmungsort angekommen sein. Mit dieser Methode lassen sich mehrere Dutzend Fische in einem relativ kleinen Paket auf einmal verschicken. Verluste treten dabei nur sehr selten ein, und stirbt trotzdem einmal ein Fisch auf der Reise, bedeutet seine Verwesung aufgrund der Einzelverpackung nicht auch gleichzeitig das Ende der anderen Killis. Selbstverständlich dürfen derartige Transporte nicht während der kalten Jahreszeit durchgeführt werden; die sicherste Zeit liegt also zwischen Mai und September.

Eine weitere Möglichkeit zur Verbreitung von Killifischen ist der Versand befruchteter Eier, was sich besonders bei einem Empfänger in einem weit entfernten Land, vielleicht sogar auf einem anderen Kontinent anbietet. Hier erweist es sich als glücklicher Umstand, daß die Eier der Killifische zwischen zwölf Tagen und mehreren Monaten bis zum Schlupf benötigen, wodurch ein postalischer Versand in jedes Land der Erde möglich ist. Je nach Situation und Killiart werden die Eier im Wasser, in feuchtem Fasertorf oder Torfmatsch gebettet und in entsprechenden Plastikbehältern oder Plastikbeuteln dicht abgeschlossen verpackt. Da sie in jedem Fall von Feuchtigkeit umgeben sind, ist es ratsam, vorsichtshalber ein geeignetes Fungizid hinzuzugeben, damit ein verpilzendes Ei nicht alle anderen infizieren kann. Ein ähnlicher Effekt kann auch durch das Hinzufügen einer kleinen Menge Meerwassers oder von etwas Salz erzielt werden. In jedem Fall muß das Gelege zunächst einige Tage lang beobachtet werden, um sicherzugehen, daß sich in den für den Versand vorgesehenen Eiern auch wirklich Embryonen entwickeln und sie gesund sind.

Die Eier von Rachovs Prachtfundulus, Nothobranchius rachovii, *lassen sich problemlos - in feuchtem Torf in Plastikbeuteln verpackt - versenden. Foto: Aqualife Taiwan*

Die Namen der Killifische

Manche Aquarienfische, aber auch unsere einheimischen Fische, tragen eine größere Zahl deutscher Namen. Beispielsweise wird *Aphyosemion australe* mit den verschiedenen deutschen Namen Kap Lopez, Bunter Prachtkärpfling oder Südlicher Prachtkärpfling benannt; hinzu kommen die Zuchtformen der Art mit eigenen deutschen sowie internationalen Namen. Darüberhinaus sind so viele Killifische bekannt, daß sich für viele gar kein deutscher Name eingebürgert hat oder der wissenschaftliche Name einfach ins Deutsche übertragen wird, was dann manchmal regelrechte Wortungetüme ergibt.

Wird der wissenschaftliche Name des Fischs benutzt, dann weiß jeder Interessent mit ein wenig Vorwissen genau, welches Tier gemeint ist, Verwechslungen werden unwahrscheinlicher und sogar fremdsprachige Leser können dem Text zumindest entnehmen, über welche Art geschrieben wurde. Mit der Einführung der Binominalen Nomenklatur (Zweinamige Benennung) durch LINNÉ 1758 für alle Lebewesen, wird diese Namensgebung in der biologischen Wissenschaft konsequent angewandt. Die wissenschaftlichen Namen der Gattungen und Arten werden üblicherweise *kursiv* geschrieben, damit sie sich besser abheben; in kursiv geschriebenen Texten also umgekehrt. Höhere Kategorien wie Familien und andere wissenschaftliche Bezeichnungen werden aber nicht kursiv hervorgehoben.

In der Biologie werden näher miteinander verwandte Lebewesen zu Gruppen zusammengefaßt, die mit der Nähe ihrer Verwandtschaft untereinander einhergehend in verschiedenen Hierarchien eingeordnet sind. Die unterste Gruppe, also die nächsten Verwandten, wird als Gattung bezeichnet. Der erste Name eines Tiers oder einer Pflanze ist immer dieser Gattungsname, aus unserem obigen Beispiel also *Aphyosemion*. Der zweite Name bezeichnet die Art an sich. Alle Tiere einer Art sind nahe miteinander verwandt und können - sofern sie gesund sind - miteinander Nachkommen zeugen. Sie unterscheiden sich, für alle Artmitglieder durch nur für sie typische Merkmale von anderen Arten.

Manchmal werden weitere Untergruppen der Arten, etwa mit besonderen Farben, als Unterarten mit einem dritten Namen versehen. Der beliebte *Aphyosemion gardneri* ist hierfür ein gutes Beispiel. Die Stammunterart wird folglich als *Aphyosemion gardneri gardneri* bezeichnet, eine weitere Unterart wäre zum Beispiel *A. gardneri nigerianum.* Zum bi- oder trinominalen Artnamen wird in der Regel noch der Name des Wissenschaftlers genannt, der das Lebewesen zuerst wissenschaftlich beschrieb, und meist in KAPITÄLCHEN geschrieben, sowie das Jahr dieser Erstbeschreibung. Mußten später von Wissenschaftlern Änderungen an der Gattungszuweisung der Art vorgenommen werden, dann wird der Name des Erstautors in Klammern geschrieben. Unser Beispiel, der Blaue Prachtkärpfling, heißt mit vollständigem wissenschaft-

lichen Artnamen: *Aphyosemion gardneri gardneri* (BOULENGER, 1911), was übersetzt etwa heißen würde: Fähnchensardelle, Herrn GARDNER gewidmet (von BOULENGER 1911 unter anderem Gattungsnamen - nämlich *Fundulus* - beschrieben).

> **Hinweis:** Der wissenschaftliche Name eines Lebewesens wird in Texten oft nur einmal, zum Anfang, vollständig genannt. In der weiteren Folge werden der Erstbeschreiber und das Jahr weggelassen und meist wird auch der Gattungsname abgekürzt, also im Beispiel: *A. gardneri.*

Unter den Killifreunden existiert darüberhinaus ein eigenes Vokabular, das sich aus der Notwendigkeit ergeben hat, die vielen Arten und in den Aquarien gehaltenen Populationsvertreter unmißverständlich zu identifizieren.

Eine Eigenheit der Killifische - die sie allerdings mit anderen Fischen, vor allem den Buntbarschen und Labyrinthfischen, gemeinsam haben - ist das Auftreten von wesentlichen Färbungsvariationen sowie Varianten in der Größe und selbst in der Gestalt innerhalb ein und derselben Art, je nachdem, von welchem Fundort ein Fisch stammt. Daher verbinden die Killifreunde, wann immer möglich, mit dem Artnamen einen Hinweis auf die Population, aus welcher ein Fisch ursprünglich stammte. So finden sich zum Beispiel Namen wie *Aphyosemion gardneri* „Rayfield", *A. gardneri* „Akure" (vgl. S. 3 und 4) oder *A. gardneri* „Nsukka". In diesen Fällen verweist einfach der Name einer Stadt oder eines Orts in der

*Amiets Pracht-
kärpfling,*
Aphyosemion
amieti - *selbst-
verständlich
trägt das Weib-
chen den glei-
chen Namen
wie das Männ-
chen.*
Foto: Dr. J.
Schmidt

unmittelbaren Nähe des Fund-
orts auf den ursprünglichen
Herkunftsort, von dem der jetzt
im Aquarium gepflegte Zucht-
stamm stammt.

In anderen Fällen ist die Benennung noch präziser. Zum Beispiel finden sich Angaben wie
Aphyosemion maeseni „Lola"
GRC 90/174. „Lola" gibt wiederum eine Ortschaft an, und die
Referenz „GRC 90" weist darauf hin, daß
die betreffenden Fische aus Guinea von
ROMAND und CAUVET im Jahr 1990 mit-
gebracht wurden. „174" bezieht sich auf
einen bestimmten Sammelpunkt von
ROMAND und CAUVET, der in ihren Ver-
öffentlichungen geographisch präzise
definiert ist. Gerade diese Nummer ist
von besonderer Bedeutung, da sie
angibt, an welcher Stelle eine interessante Variante einer bestimmten Art vor-
kommt. In gleicher Weise ist die Bezeichnung *Aphyosemion maeseni* „Lola" GRC
90/175 herzuleiten, die verdeutlicht, daß
die entsprechenden Fische ebenfalls in
der Nähe von Lola - jedoch ein paar Kilometer vom Sammelpunkt 174 entfernt -
gefunden wurden. Diese Art ist des Öfte-
ren auch unter der ungültigen Bezeichnung *Roloffia maeseni* zu finden.

So wird deutlich, daß die Fische von
einer *Aphyosemion*-Art von zwei, nur
wenige Kilometer voneinander entfernten Fundorten, erhebliche Unterschiede
in der Färbung aufweisen können. Um
im Aquarium die an und für sich stabilen Merkmale jeder einzelnen Population in ihrer Ursprünglichkeit zu bewah-

ren, ist es zwingend erforderlich, niemals
Vertreter verschiedener Populationen
miteinander zu kreuzen. Damit es nicht
dazu kommt, muß sich der Züchter rigo-
ros an die Herkunftsbezeichnungen halten. Die langen Namen der Killifische
gehören nun einmal zum Leben der an
Killis interessierten. Auf der Vorteilssei-
te steht, daß zum Beispiel von *Aphyosemion gardneri* oder den Arten der
Untergattung *Chromaphyosemion* ein
Dutzend verschiedene Varianten neben-
einander gepflegt werden können.

Die Klassifikation der Killifische ist über-
aus komplex; es ist also von Vorteil zu
wissen, daß sich bei zahlreichen Arten
während der letzten Jahrzehnte die Namen geändert haben, daß in bestimmten älteren Aquarienbüchern Arten
falsch benannt sind und daß letzteres
noch viel häufiger im Zoofachhandel der
Fall ist. In letzterer Hinsicht begegnen
Aquarianer oftmals den verschiedensten
Fischen unter der Bezeichnung *Aphyosemion gardneri*, die mit dieser Art nicht
das Geringste zu tun haben, so zum Beispiel *Aphyosemion mirabile*, *A. scheeli*
oder *A. striatum*.

Meine ersten Killifische

Es versteht sich von selbst, daß es niemandem verboten ist, sich mit jeder Art von Killifischen zu beschäftigen. Trotzdem muß dem Anfänger in der Killipflege empfohlen werden, daß er sich zunächst auf solche beschränkt, die einfacher haltbar sind. Viele Fälle, in denen angehende Killifischfreunde nach kurzer Zeit enttäuscht aufgeben, sind lediglich darauf zurückzuführen, daß sie ihre ersten Erfahrungen mit empfindlichen Arten zu machen versucht haben.

Für den Neueinsteiger sind viele Arten der Gattungen *Aphyosemion*, *Epiplatys* und *Rivulus* ideal, während er den meisten Arten der Gattungen *Cynolebias* und besonders *Nothobranchius* mit größter Vorsicht begegnen sollte. Aber der angehende Killiexperte kann beruhigt sein - es gibt jede Menge Arten und Populationen, die für den weniger Erfahrenen bestens geeignet sind, und deren Aussehen ist dem der schwierigen Arten zudem oftmals weit überlegen!

In der Gattung *Aphyosemion* finden sich Arten, die auch den Anfänger zufriedenstellen werden: *A. amieti*, *A. australe*, *A. bivittatum*, *A. gabunense*, *A. gardneri*, *A. geryi* (= *Roloffia geryi*), *A. scheeli*, *A. multicolor*, *A. splendopleure* und *A. striatum*. Im Gegensatz dazu tut der Killifreund sich einen großen Gefallen, wenn er dem Reiz widersteht, sich zunächst mit Arten wie *A. coeleste*, *A. fulgens*, *A. occidentale*, *A. ocellatum*, *A. kunzi* oder *A. toddi* zu belasten.

Aus der Gattung *Epiplatys* sind guten Gewissens *E. dageti*, *E. fasciolatus*, *E. sexfasciatus* und *E. singa* empfehlenswert. Während *Epiplatys annulatus* - so schön und attraktiv er auch aussehen mag - als empfindliche Art gilt, bei der eine erfolgreiche Haltung niemals sicher ist, auch wenn viele Aquarianer damit bereits Glück hatten.

Wer sich zur süd- und mittelamerikanischen Gattung *Rivulus* hingezogen fühlt, wählt mit *Rivulus cylindraceus* sicherlich die widerstandsfähigste Art und trifft damit eine ausgezeichnete Wahl, ebenso wie mit den meisten anderen der mittelgroßen bis großen Vertreter dieser Gattung. Der größte Nachteil bei ***Rivulus*** ist die vergleichsweise geringe Farbenpracht. Um so mehr besticht daher *Rivulus xiphidus* durch

Männchen des Blauen Prachtkärpflings, Aphyosemion sjoestedti. *Die Art zählt zu den größeren Killifischen, die dennoch gut zu halten sind. Foto: Aqualife Taiwan*

15

seine aufsehenerregende Färbung, doch
ist ausgerechnet diese Art leider nur sehr
selten im Angebot, da ihre Haltung und
ganz besonders die Zucht mit größeren
Problemen behaftet sind.

Auch in der Gattung *Cynolebias* finden
Sie geeignete Arten wie *Cynolebias affi-
nis, C. boitonei* oder *C. nigripinnis*;
sofern Sie diese ständig mit Lebendfutter versorgen können. Im Gegensatz
dazu sind die mit den *Cynolebias* nahe
verwandten *Pterolebias* dem unerfahre-
neren Aquarianer nicht anzuraten.

Auch die Vertreter der Gattung *Nothobranchius,* mit langer Lagerzeit der Eier,
verlangen ein gehöriges Maß an Finger-
spitzengefühl. Unter Umständen kann
sich der angehende Killifreund vielleicht
an *Nothobranchius foerschi* oder *N.
guentheri* versuchen, vor allem wenn er
bereits über Erfahrungen bei der Be-
kämpfung der häufigen *Oodinium-*
Krankheit verfügt, stets große Mengen
Lebendfutter sowie leicht erhöhte Temperaturen und schwach salzhaltiges Wasser bieten kann.

Zur Lebensweise der Killifische
Neben der Einteilung der Killis in Gruppen nach ihrer biologischen Verwandtschaft, lassen sich auch andere Kriteri-
en der Ähnlichkeit der Killifische untereinander finden, etwa nach ihrem Lebensraum (der Ökologie) oder auch
nach ihrer typischen Fortpflanzungs-
weise (der Fortpflanzungsbiologie und
-ethologie). Unter den Killis gibt es sowohl Arten, die lieber in stehenden Gewässern leben, während - wenige - andere fließendes Wasser bevorzugen.

Lebensbedingungen in der Natur
Killifische unterschiedlicher Ansprüche
lassen sich nicht oder nur mit Einschränkungen gemeinsam halten. Fische aus
kühleren Gewässern dürfen nur be-
grenzte Zeit im warmen Wasser gepflegt
werden. Aber auch Fische aus Gewässern mit besonders weichem Wasser lassen sich meist nicht mit Arten aus här-
teren Gewässern pflegen. Außerdem sei
auf die Empfindlichkeit mancher Arten,
wie etwa Blaustreifenbachlinge, *Rivulus*

xiphidius, hingewiesen, was eine Vergesellschaftung ausschließt oder zumindest die Möglichkeiten sehr stark einschränkt.

> **Hinweis:** Manche Killis sind durch die Zerstörung der Tropenwälder oder durch Faunenfälschungen (Aussetzen fremder Arten) in ihren Heimatlebensräumen vom Aussterben bedroht.

Weil es fraglich ist, ob es dauerhaft möglich sein wird, den Bedarf der Aquaristik an Killis durch Importe zu decken - aber vor allem zur Erhaltung der Arten - ist eine gezielte Weiterzucht wenigstens in der Aquaristik durchaus sinnvoll. Für die Erhaltung im Aquarium sind aber nur reine Fundortstämme von Wildformen interessant, weil sich nur solche für eine mögliche spätere Wiederausbürgerung unter besseren Bedingungen eignen würden. Außerdem bleiben meist nur reine Stämme fruchtbar, während verkreuzte Rassen meist in späteren Generationen immer weniger lebensfähige Nachkommen bekommen oder sogar ganz unfruchtbar werden.

Bewohner stehender Gewässer
Diese Killis müssen im oft sehr sauerstoffarmen Wasser überleben können. Weil die kleinen stehenden Gewässer meist sehr warm werden, altern diese Killis - besonders die kleineren Arten - oft schnell und werden in der Natur selten älter als ein Jahr. Wenn diese Gewässer in der Trockenzeit sogar ganz austrocknen, dann werden die Fische in der Natur

selten älter als drei Monate. Sie legen Dauereier, die im trockenen Bodengrund überdauern und aus denen erst Larven schlüpfen, wenn sie wieder ins Wasser gelangen, wenn es also in der Natur anhaltend regnet.

Große stehende Gewässer, wie große Seen, werden nur in Ausnahmefällen von Killifischen bewohnt. So bildet zum Beispiel *Lamprichthys tanganicanus* im Tanganjikasee große Schwärme. Er ist dennoch für die Aquaristik gut geeignet, benötigt allerdings größere Aquarien ab einem Meter Frontlänge zur artgerechten Pflege.

Die im Südamerikanischen Titicacasee lebenden *Orestias*-Arten sind beispielsweise durch das aussetzen fremder Arten, wie Forellen, sehr bedroht und zum Teil bereits ausgerottet.

Der Gabun-Prachtkärpfling, Aphyosemion gabunense, zeigt beim Imponieren seine prächtigsten Farben. Foto: Aqualife Taiwan

Einzelne Arten leben in Nordamerika sogar in Quellen, die mitten in der Wüste

Unter Streßein-
wirkung gäh-
nen die Fische,
hier Orient-
kärpflinge,
Aphanius
mento, beson-
ders häufig.
Das Gähnen
stellt eine soge-
nannte Über-
sprungshand-
lung dar.
Foto: Dr. J.
Schmidt
Großes Foto:
Aqualife Taiwan

liegen. Dort sind sie - obwohl sie selbstverständlich unter Naturschutz stehen -
durch den zunehmenden Grundwasser-
verbrauch leider sehr vom Aussterben
bedroht.

Fließwasserbewohner

Im Aquarium werden auch die Bewohner stehender Gewässer bei kühlerer
Haltung oft wesentlich, über zwei Jahre
älter als in der Natur. Die Fließwasser-
bewohner können, je nach Art, sogar
fünf Jahre alt werden. Hier hat der Aquarianer eine besondere Verantwortung,
er muß den Fischen die ihnen am besten
liegenden Haltungsbedingungen bieten.
Meist handelt es sich um Killis, die in nur
langsam fließendem Wasser leben, und
hier vor allem die verkrauteten Rand-
bereiche bewohnen, die dadurch teilweise den Lebensräumen der kleinen
stehenden Gewässern sehr ähneln.

Das Verhalten

Die Killis zeigen - je nach ihren arteige-
nen Eigenschaften - jeweils für sie typische Verhaltensweisen, wodurch sie sich
nicht immer beliebig zur Kombination
mit anderen Arten eignen.

Sozialverhalten

Die meisten Killis leben nur als Jungfische in Schwärmen, viele schließen sich
aber auch als Erwachsene in Gruppen
zusammen. Lediglich Arten wie *Lamprichthys tanganicanus* sind auch später Schwarmfische. Ansonsten suchen
die erwachsenen Killifische nur zur Fortpflanzung gezielt die Nähe von Artgenossen des anderen Geschlechts. Viele

Auch in Europa gibt es Killifische. In diesem Biotop auf Korsika fingen wir beispielsweise Zebrakärpflinge, Aphanius fasciatus, die auch als Mittelmeerkärpflinge bekannt sind.

Zum Killifischfang benötigt der Aquarianer reichlich Hilfe, um der Fische habhaft zu werden. In den meisten Europäischen Ländern ist zum Killifischfang eine Erlaubnis notwendig. Fotos: Dr. J. Schmidt

Vor allem manche Europäische Killis können den Sommer im Gartenteich verbringen. allerdings benötigen die meisten Aphanius einen Salzzusatz im Wasser, der im Gartenteich schwer zu realisieren ist.

Schöne Killifischgesellschaftsaquarien können durchaus als Pflanzenaquarien eingerichtet sein, denn die Killifische beschädigen den Pflanzenwuchs nicht. Vor allem Aphysemion-Arten sind dafür gut geeignet. Fotos: Dr. J. Schmidt

Arten tolerieren aber Artgenossen - zumindest des anderen Geschlechts - in ihrer Nähe. Im Aquarium ist die Pflege mehrerer Männchen möglich, wenn sich die Aggressionen verteilen und nicht ein Fisch gezielt gejagt werden kann, weil die Gruppe groß genug ist und Rückzugsmöglichkeiten im Aquarium vorhanden sind.

> **Achtung: Einige Killis sind zu ihren männlichen Artgenossen besonders aggressiv!**

Revierkämpfe

Weil der Aquarianer seinen Pfleglingen möglichst günstige Bedingungen bietet, ist es ganz natürlich, daß die Fische im artgerecht eingerichteten Aquarium auch in Fortpflanzungsstimmung geraten. Dabei kann es vorkommen, daß die Männchen kurzzeitig besonders attraktive Laichsubstrate für sich beanspruchen und verteidigen. Um Verletzungen oder gar die Tötung von Fischen durch diese Kämpfe untereinander zu vermeiden, müssen die Aquarien richtig eingerichtet sein und zahlreiche Verstecke für unterlegene sowie mehrere Laichsubstrate sowie eventuell Torf enthalten.

Wenn ein fremder Fisch in das Revier einschwimmt, dann beginnt der Revierinhaber sofort zu imponieren. Dazu versucht er seinen Körperumriß optisch möglichst weit zu vergrößern. Er spreizt alle Flossen ab und sogar die Kiemendeckel werden abgespreizt und der Mundboden gesenkt, um besonders den Kopfumriß zu vergrößern, manche Arten öffnen auch drohend das Maul. Außerdem zeigen die imponierenden Fische eine ganz besondere Farbenpracht, wie sie ähnlich intensiv nur bei der Balz zu sehen ist. Wenn der Kontrahent nicht allein durch dieses erste Imponieren vertrieben wird, dann kommt es zu weiterem Imponiergehabe.

Die Kontrahenten umschwimmen sich und wedeln sich, mit L-förmig gekrümmtem Körper, gegenseitig Wasserschwälle zu. Mit ihren Sinnesporen am Kopf und dem Seitenlinienorgan können die Fische die Körperkraft ihres Gegners einschätzen und deshalb werden die meisten Kämpfe an dieser Stelle bereits entschieden, indem der Schwächere das Weite sucht. Will aber der Fremdling trotz des Imponiergehabes nicht weichen, dann kommt es zu Beschädigungskämpfen, wobei sich die Fische gegenseitig in die Flanken und die Flossen beißen und sich zu verletzen versuchen. Bei manchen Killis verbeißen sich die Gegner bei ihren Revierkämpfen an den Mäulern und schütteln sich gegenseitig kräftig; in einer aggressiven Weise, wie es sonst nur von den barschartigen Fischen bekannt ist. Deshalb dürfen erwachsene Männchen bei der Verwendung kleinerer Aquarien nur einzeln gehalten werden. Die Männchen können aber mit mehreren Weibchen und Fischen anderer Arten gut vergesellschaftet werden. Gegen Fische anderer Arten - außer denen, die farblich zu ihnen sehr ähnlich erscheinen - sind Killis hingegen friedfertig. Deshalb sind die Killis durchaus für die Pflege im Gesellschaftsaquarium mit kühlem Wasser geeignet.

Gestreifter Prachtkärpfling, Aphyosemion striatum, Männchen. Balzende Männchen sind besonders prächtig gefärbt.

Balz

Nicht nur bei den Killis sind sich das Imponieren als aggressives Verhalten und das Imponieren bei der Balz als Werbungsverhalten einander außerordentlich ähnlich. Sicherlich geht das Balzverhalten auf Elemente des Aggressionsverhaltens zurück - auch im Aquarium kann dies oft beobachtet werden. Die Balz dient der Annäherung und dem Sich-Kennenlernen der Partner, damit sie bei der folgenden Paarung richtig aufeinander eingestimmt sind.

Ein Männchen in Laichstimmung kann recht robust mit seinen Weibchen umgehen, aber im bepflanzten Aquarium kann sich ein noch nicht laichwilliges Weibchen den Nachstellungen leicht entziehen und sich gut verstecken. Hier kann es auch zu keinem Unglück kommen. Meistens ist das Weibchen jedoch ebenfalls laichmotiviert und geht bald auf die Werbung des Männchens ein.

Das Weibchen von Aphyosemion striatum ist viel unscheinbarer. Fotos: Aqualife Taiwan

perumrisses, und durch eine besondere Körperfärbung als Auslöser, welche schließlich weitere Angriffe durch das Männchen hemmen.

Zunächst wird das Killiweibchen aber vom Männchen aggressiv vertrieben. Ein fortpflanzungswilliges Weibchen sucht dann immer wieder die Nähe des imposanten Revierbesitzers und beschwichtigt seine Aggressionen durch Anlegen der Flossen, also Verkleinerung des Kör-

Dann wandelt sich das Verhalten des Männchens und die Partnerin wird mit Flossenspreizen und einer besonders prächtigen Körperfärbung umworben. Zur Balz krümmt das Männchen den Körper S-förmig, die Schwanzflosse wird dabei seitlich abgewinkelt oder nach

oben gebogen. Auch die Kiemendeckel werden abgespreizt und der Mundboden etwas gesenkt. Außerdem wedelt das Männchen dann kräftig mit der Schwanzflosse und steuert mit den Brustflossen gegen, so daß es in waagerechter Schwimmlage am Ort bleiben kann. Zur Balz des Männchens gehören aber auch Scheinangriffe, die bei laichunwilligen Weibchen in Rammstöße und Beißen übergehen können. Oft wird die Balz zur Nahrungssuche unterbrochen. Durch Fütterung mit sehr feiner Nahrung (*Artemia*- oder *Cyclops*-Nauplien) kann das Männchen vom nicht laichwilligen Weibchen abgelenkt werden. Das zur Balz ganz besonders prachtvolle Männchen schwimmt aber immer wieder auf seine „Angebetete" zu, bis diese seine Werbung akzeptiert und das Männchen neben sich schwimmen läßt. Mit Schwimmen in der Richtung zum Laichsubstrat - dem Führungsschwimmen - versuchen die Männchen die Weibchen schließlich zum Laichplatz zu locken und zum Ablaichen zu bewegen.

Paarung

Das Fortpflanzungsverhalten der Fische ist besonders interessant und viele Aquarianer pflegen ihre Killis nicht nur wegen ihrer prächtigen Farben sondern auch wegen dieser teilweise außergewöhnlichen Verhaltensweisen. Den Fischen bei Balz und Ablaichen, aber auch in ihrer aggressiven Stimmung zuzuschauen ist eine echte Freude. Und es ist schon erstaunlich, daß recht wenig darüber geschrieben wird, während es Berichte zu irgendwelchen langweiligen Namensfragen und zu Farbabweichung und ähnlichem gar nicht selten gibt.

*Die Eier wer-
den beim
Ablaichen ins
Substrat
geschleudert.
Foto: Dr. J.
Schmidt.*

Trotz der unterschiedlichen Fortpflan-
zungsweisen der einzelnen Killiarten
liegt der Paarung ein allgemeingültiges
Schema zugrunde: Das Weibchen folgt
dem Führungsschwimmen des Männchens oft nicht und sucht selbst ein zum
Ablaichen geeignetes Laichsubstrat -
Torffasern, Laichmop, Javamoos oder
ähnliches - aus und schwimmt darauf zu,
vom Partner verfolgt oder ihn bereits
neben sich. Am Laichsubstrat drängt sich
das Männchen nach Art aller Killifische
an die Seite des Weibchens, legt die
Rückenflosse über seinen Rücken und
mit einem Ruck wird das Ei, das gleichzeitig vom Männchen befruchtet wird,
abgegeben und mit kräftigem Schwanz-
flossenschlag ins Substrat geschleudert.
Dort haftet es fest und ist meist im Inne-
ren des Substratknäuels vor Laichräu-
bern, zum Beispiel einem vergesell-
schafteten *Ancistrus*-Wels - der ja nach
Wunsch des Aquarianers lieber Algen
und Futterreste verzehren soll, ge-
schützt. Manche, vor allem südameri-
kanische Arten tauchen zum Ablaichen
regelrecht in den Bodengrund ein.
Wenn aus dem Laich keine Larven
schlüpfen, dann liegt das meist nicht an

den Fischen (Krankheit, Unfruchtbar-
keit), sondern eher an unzureichenden
Pflegebedingungen (falsches oder ver-
giftetes Wasser, unzureichendes Futter,
falsche Temperatur oder anderes).

Möchten Sie ein Art- oder ein Gesellschaftsaquarium?

Im Artaquarium werden nur Fische einer
Art, beispielsweise Kap Lopez, *Aphyosemion australe*, gepflegt. Artaquarien
werden vor allem dann genutzt, um eine
Art in ihrem ungestörten Verhalten ge-
sondert beobachten zu können und um
diese Fische nach Möglichkeit zu züchten, denn nur so können unerwünsch-
te Kreuzungen vermieden werden.
Dagegen sind im Gesellschaftsaquarium
mehrere, sich miteinander vertragende
Arten gemeinsam untergebracht. So
können mehr Fische gepflegt und ihr
Verhalten untereinander kann beobachtet werden.
Hier ist allerdings in den meisten Fällen eine Zucht unmöglich. Dabei können durchaus verschiedene Killifische
gemeinsam gepflegt werden, aber diese
Fische lassen sich auch mit anderen
Arten ähnlicher Ansprüche vergesellschaften. Ob ein bestimmter Fisch besser im Art- oder im Gesellschaftsaquarium untergebracht wird, muß in jedem einzelnen Fall nach seinen Ansprüchen und Eigenschaften sowie nach
den Zielen des Pflegers entschieden
werden.
Bei Fischen für das Gesellschaftsaquarium sind folgende Punkte besonders zu
beachten:

- Die endgültige Größe der Fische und insbesondere die Art ihrer Ernährung.
- Ihr Verhalten untereinander und das zu anderen Arten.
- Die Lebensbedingungen in der Natur (chemisch-physikalische Wasserwerte und Wassertyp).
- Die geographische Herkunft der verschiedenen Fische.
- Die aquaristische Herkunft der unterschiedlichen Fische.

Größe und Ernährung der Killis

Fische sehr unterschiedlicher Körpergrößen können nur selten gemeinsam im Aquarium untergebracht werden, weil die großen die kleineren Killis als Nahrung betrachten würden.

Aber auch wenn die Kleineren nicht verzehrt werden, so sind sie doch oft Verfolgungen ausgesetzt und gelangen nicht an ihr Futter, so daß sie schließlich dadurch - also im Prinzip durch Streß - sterben könnten.

Alle Killis sind mehr oder weniger Räuber, die aber nur relativ kleine Beute - entsprechend ihrer Körpergröße und der Größe ihres Schlunds - bewältigen. Deshalb sind viele Killiarten dauerhaft nur mit Lebend- und Gefrierfutter zu ernähren.

Lebend- und Gefrierfutter der üblichen kleineren Sorten stellen das beste Futter dar. Neben Mückenlarven und Wasserflöhen im weiteren Sinne (*Bosmina, Cyclops, Daphnia, Diaptomus*) können selbst gezüchtete Futtersorten wie Enchyträen und Essigälchen, aber auch Fruchtfliegen zum Einsatz kommen.

Auch Salinenkrebschen sind in den verschiedenen Altersstadien, je nach der Größe der Killis, ein gutes Futter. Auf Bachröhrenwürmer, *Tubifex*, sollte der Aquarianer hingegen verzichten.

Flockenfutter wird von manchen Killis nicht angenommen, da es keine Eigenbewegung aufweist. Hier können Tricks, die eine gewisse Bewegung schaffen, wie das Futter über einem Ausströmerstein, teilweise weiterhelfen. Gleiches gilt für Granulatfuttersorten.

Futtertabletten werden nur von wenigen Killis angenommen, wobei die Sorten bevorzugt werden, die einen hohen Anteil gefriergetrockneter Futtertiere enthalten. Auch gefriergetrocknetes Futter, vor allem Rote Mückenlarven, ist im Winter eine gute Alternative zum Gefrierfutter.

Größeren Killis können auch kleine Regenwürmer angeboten werden; diese erzielen einen guten Laichansatz bei den Weibchen, ebenso wie Schwarze und Weiße Mückenlarven. Letztere können sowohl lebend (Vorsicht: Räuber!) als auch gefroren angeboten werden, während Schwarze Mückenlarven von vielen Killis in gefrorenem Zustand nicht mehr akzeptiert werden.

Selbst gemischte Futtersorten, wie beispielsweise Rinderherz, das nach unterschiedlichen Geheimrezepten mit Vitaminen und anderem angereichert wurde, werden heute den Killis kaum noch gereicht, da sie in der Verdaulichkeit für die Fische mit den angebotenen Qualitätsfuttersorten bei weitem nicht mehr mithalten können.

Das Killifischaquarium

*Zimtpracht-
kärpflings-
männchen,
Aphyosemion
cinnamomeum.
Diese Art kann
nicht mit klei-
neren Killis ver-
gesellschaftet
werden, weil
die kleineren
Fische vom
Zimtkärpfling
stark unter-
drückt würden.
Foto: Aqualife
Taiwan*

Das Aquarium

Wenn sie sich entschieden haben, ein neues Aquarium für Killis oder für eine Gesellschaft mit anderen Fischen einzurichten. Dann müssen Sie zunächst festlegen, welche Größe und welchen späteren Standort das Aquarium haben wird. Ideal ist es, ein mittelgroßes Aquarium mit großzügig bemessener Grundfläche auszuwählen.

> **Hinweis:** **Je mehr Fläche im Aquarium zur Gestaltung zur Verfügung steht, desto sinnvoller kann das Aquarium eingrichtet werden.**

Infolge einer falschen Einrichtung des Aquariums würde es Verluste durch Streitigkeiten unter den Fischen geben, denn die Killis könnten sich durchaus gegenseitig verletzen oder sogar töten.

Für Artaquarien, etwa zum Ablaichen der Fische, genügen kleine Plastikaquarien, die bis zu einem Inhalt von etwa 20 Litern recht stabil sind.

Die heute meist gebräuchlichen Aquarien sind mit Silikon geklebte Ganzglasaquarien. Das bedeutet, daß diese Aquarien keinen Metallrahmen besitzen, sondern die Glasscheiben mit Silikon, einem gummiähnlichen Material, direkt aneinandergeklebt sind. Diese Aquarien haben den Vorteil, daß sie einen direkten Einblick ermöglichen und gut wirken; es gibt jedoch auch Aquarien mit attraktiven Schmuckrahmen, die keine tragende Funktion haben.

Über die erhältlichen und für Ihre Zwecke notwendigen Glasqualitäten informieren Sie sich am besten bei Ihrem Zoofachhändler. Meistens ist es besser, wenn Sie Kristallspiegelglasaquarien kaufen, denn dieses Glas weist keine Verzerrungen beim Betrachten der Fische auf; das ist besonders wichtig, falls Sie ihre Fische später einmal fotografieren wollen.

Über die nötige Stärke und Stabilität des Aquariums müssen Sie sich im Prinzip keine besonderen Gedanken machen, wenn Sie es im Zoofachhandel erwerben; denn die Hersteller wissen genau, welche Glasstärken und welchen Silikon sie verwenden müssen, damit die Aquarien weitgehend stabil sind und auch über viele Jahre dicht bleiben.

Männchen des Gebänderten Prachtkärpflings.
Oben:
Aphyosemion bivittatum multicolor von Ijebu-Ode.
Unten:
Aphyosemion bivittatum hollyi von Fungé. Nahe verwandte Arten oder gar solche Unterarten dürfen nicht vergesellschaftet werden, weil die Formen sich kreuzen würden und Bastarde entstehen. Fotos: Aqualife Taiwan.

Achtung: In älteren Häusern mit Holzfußböden können sogar schon 200 Liter-Aquarien Gewichtsprobleme bereiten.

Bei schwächeren Böden ist es besonders wichtig darauf zu achten, die Aquarien parallel zur und möglichst nah an der Wand aufzustellen. Wenn sich unter den Holzfußböden Balken befinden, dann müssen selbstverständlich die Füße des Aquarienschranks über den Balken stehen und die Füße können durch das Unterlegen von Brettern größere Auflageflächen bekommen.

Bei der Auswahl des Standorts des Aquariums ist unbedingt die Lage zum nächsten Fenster zu berücksichtigen.

Durch übermäßiges Algenwachstum können erhebliche Probleme entstehen. Der günstigste Standort für das Aquarium befindet sich deshalb möglichst weit von Fenstern - durch die Mittagslicht einfällt - entfernt. Morgenlicht ist allerdings für manche Killis recht wichtig, weil sie durch das Licht zur Balz und zum Ablaichen stimuliert werden.

Nicht zuletzt ist noch ein weiterer Faktor für die Auswahl des Standorts des Aquariums zu berücksichtigen, denn wenn das Aquarium an einer sehr oft begangenen Stelle in der Wohnung, also beispielsweise im Flur steht, dann werden die Fische oft erschreckt und dadurch Streß ausgesetzt.

Andererseits ist auch ein zu ruhiger Standort ungünstig. Denn die Fische sollen sich ja an den Menschen gewöhnen, damit sie sich nicht bei jeder Gelegenheit erschrecken oder gar in Panik geraten. So wären beispielsweise Standorte im Arbeitszimmer oder im Wohnzimmer vertretbare Kompromisse.

Keinesfalls dürfen Aquarien in Räumen aufgestellt werden, in denen viel geraucht wird, weil das Wasser auf die umgebende Luft wie ein Schwamm wirkt und es dadurch einen großen Teil der Schadstoffe aus der Luft zieht, so daß diese im Aquarienwasser in Lösung gehen und dadurch die Fische stark schädigen können.

Aus rein praktischen Gründen ist außerdem bei der Standortwahl auch die Nähe zur Wasserversorgung zu berücksichtigen, denn je nach dem, ob der Wasserwechsel durch Schläuche, über „Eimerschleppen" oder durch fest installierte Rohrsysteme erfolgen soll, sind entsprechende Vorkehrungen zu treffen. Wird die einfachste Lösung mit Eimertragen angestrebt, dann sind Teppichböden vor dem Aquarium denkbar ungeeignet und Folgeprobleme bereits vorprogrammiert.

Wenn alle diese Faktoren berücksichtigt sind und ein idealer Standort gefunden wurde, dann kann es an das eigentliche Aufstellen des Aquariums gehen. Dafür muß die Unterlage unter dem Behälter absolut eben sein. Um eventuell doch übersehene oder später durch eine mögliche Materialsetzung entstehende Unebenheiten auszugleichen, wird eine Styropor- oder PU-Schaumplatte unter das Aquarium gelegt.

Wenn das Aquarium über eine außen angebrachte Heizmatte beheizt wird, dann ist die Matte zwischen der Styroporplatte und dem Aquariumboden unterzubringen.

Mit der Wasserwaage wird außerdem die genaue waagerechte Lage ermittelt oder gegebenenfalls durch das Unterlegen von Plättchen unter die Füße des Aquarienschranks hergestellt. Danach kann das Aquarium aufgestellt und ausgerichtet werden.

Das Bodengrundmaterial

Zunächst wird jetzt der Bodengrund in das Aquarium eingebracht. Wenn im Bodengrund ein Dauerpflanzendünger untergemischt werden soll, dann ist dieser in etwa $1/3$ des Bodenmaterials unterzumischen und dies als untere Schicht einzubringen. Wenn außerdem ein Bodenheizungskabel im Bodengrund verlegt wird, dann ist dieses nach Vorschrift in Schlaufenform in der unteren Bodenschicht zu verlegen. Der Bodengrund mit dem Dünger sowie dem Heizkabel wird jetzt mit dem restlichen Aquarienkies überschichtet.

Oft ist der Vorschlag zu lesen, daß dunkler Bodengrund verwendet werden sollte, weil dann die Farben der Fische besser zur Geltung kämen. Dies trifft ganz besonders auf Killifische zu. Aber in den meisten Lebensräumen ist das Bodenmaterial hell und außerdem ist dunkles Bodengrundmaterial im Zoofachhandel nur schwer erhältlich. Deshalb muß sich jeder Aquarianer nach seinem Geschmack und seinen Möglichkeiten selbst entscheiden, welche Bodengrundfarbe er verwendet.

Tip: Die ideale Korngröße für Aquarienkies liegt zwischen 2 und 4 mm.

Wenn die Korngröße des Bodengrunds zu fein ist, dann verstopfen die Hohlräume zwischen den Kieseln sehr leicht. Bei einer zu grober Körnung gehen hingegen leicht Futter und Jungfische zwische den Spalten im Bodengrund verloren, was selbstverständlich unerwünscht ist. Für Killifische hat es sich bewährt, den zu hellen Bodengrund mit Torffasern abzudecken. Das hat allerdings den Nachteil, daß der anfallende Detritus und Mulm nur schlecht abgesaugt werden kann.

Hinweis: Sparen Sie sich Arbeit - denn die unteren zwei Drittel des Bodengrunds brauchen nicht gewaschen zu werden, zumal der darin enthaltene Lehm als zusätzlicher Pflanzendünger dient.

Lediglich das als oberste Kiesschicht vorgesehene Material kann gewaschen werden, um eine Trübung des Aquarienwassers zu vermeiden. Aber auch dies ist nicht unbedingt notwendig, weil die Trübung bereits nach wenigen Stunden oder spätestens nach zwei bis drei Tagen von allein zurückgeht und vorher ohnehin keine Fische ins Aquarium eingesetzt werden dürfen.

In vielen tropischen Bächen und Seen besteht der Bodengrund aus feinem Sand. Dort wachsen meist nur wenige Wasserpflanzen, weil die Gewässer von den Tropenbäumen stark beschattet sind und der Sand kaum Pflanzennährstoffe enthält. Da im Sand schnell sauerstoffarme Bereiche entstehen, ist er für Killiaquarien kaum geeignet.

Moorkienholz muß vor der Verwendung im Killifisch-aquarium gut gewässert und am besten sogar ausgekocht werden. Denn eine zu starke Ansäuerung und Braunfärbung des Aquarienwassers ist unerwünscht und für manche Killis sogar schädlich.

Torfgranulat dient der Ansäuerung und Färbung des Wassers, was manchmal bei der Pflege von Killis aus Tropengewässern sinnvoll ist. Fotos: bede-Verlag

Die Steinaufbauten

Da Killis - einmal von den Bodenlaichern abgesehen - kaum im Bodengrund graben, wie manche größere Fische, die dabei das Aquarium umdekorieren, muß bei der Einbringung von Steinen nicht unbedingt darauf geachtet werden, daß diese fest verankert sind. Wenn Steinaufbauten zur Einrichtung des Aquariums gehören, dann sind die unteren Lagen vor dem Hineinschütten des Kieses aufzustellen, um eine stabile Lagerung zu erreichen.

Es gibt außerdem fertig dekorierte Rückwände, die auch für Killiaquarien geeignet sind. Wenn die eingebrachte Rückwand aus einem Material besteht, das einen starken Auftrieb besitzt, wie etwa aus Kork oder Styropor, dann muß sie vor dem Einschütten des Bodengrunds eingebaut werden.

Beim Aufbau von Steinen in dem Killiaquarium ist eine Aquarientiefe von mindestens 40 Zentimetern günstig. Denn je tiefer das Aquarium ist, desto leichter lassen sich attraktive Steinaufbauten gestalten. Verwenden Sie bei der Steinauswahl am besten nur gerundete Steine. Sogenannte Lavasteine mit scharfen Kanten sind für unsere Killis nicht gut geeignet, weil sich die Fische bei ihren kleinen Rangeleien leicht daran verletzen könnten. Besonders an den Hornhäuten der Augen können dann Verletzungen auftreten. Beim Aufschichten der Steine ist außerdem darauf zu achten, daß ausreichend Versteckplätze für junge oder verfolgte Killis angeboten werden. Größere Killis benötigen aber

auch einen ausreichenden freien Schwimmraum, der sich, um dem Aquarianer die Beobachtung der Fische zu erleichtern, am besten im Vordergrund des Aquariums befindet.

Kalklochsteine sind für Killiaquarien überhaupt nicht geeignet, denn sie besitzen durch die zahlreichen Löcher zwar eine interessante Form, aber sie geben gleichzeitig Kalk an das Wasser ab, was dazu führt, daß sich der pH-Wert und vor allem die Wasserhärte in unerwünschter Weise verändern.

Moorkienholz

Als weiteres Einrichtungsmaterial ist Moorkienholz oder Mooreiche sinnvoll. Natürlich darf nur Holz verwendet werden, das im Wasser nicht fault oder gar

schädliche Substanzen abgibt. Eine leichte Braunfärbung des Wassers durch das Moorkienholz ist hingegen durchaus erwünscht.

Torf und Laichsubstrate

Für viele Killis wird das Wasser teilweise mit Fasertorf oder Torfgranulat zu Zuchtzwecken oder zur Aufbereitung des Schwarzwassers sogar gezielt mit Huminstoffen und Tanninen angereichert. Ist eine Verfärbung und Ansäuerung nicht erwünscht, so ist die Verwendung von Fasertorf für das Ablaichen um so wichtiger. Bodenlaicher legen ihre Eier teilweise auf den Torf, andere tauchen reglerecht in die Bodenschicht ein und müssen deshalb eine entspechend hohe Schicht angeboten bekommen.

Es muß aber nicht der gesamte Aquarienboden mit Torf bedeckt werden, sondern es genügt, wenn der Torf sich in einer hohen Schicht in einem Behälter im Aquarium befindet. Auf diesem Behälter kann durchaus auch ein Deckel mit größeren Löchern angebracht sein, denn die Fische lernen Ein- und Ausgang sehr schnell kennen. Dies schränkt den Torfverbrauch stark ein und erleichtert die Reinhaltung des Aquariums.

Der Torf mit den Dauereiern wird dem Aquarium entnommen, und entsprechend der Entwicklungszeit der Eier feucht gelagert. Danach wird er wieder ins Wasser zurückgegeben, um zu kontrollieren, ob bereits Jungfische schlüpfen. Der Fasertorf ist durchaus wiederverwendbar.

Torffasern dienen - nach der Entfernung des feinen Materials - als ideales Laichsubstrat. Foto: bede-Verlag

Künstliche Laichsubstrate haben sich ebenfalls bewährt. Zur Anfertigung eines Laichmops wird einfach ein Knäuel aus synthetischer Wolle - echte Wolle könnte verderben und ist nicht geeignet - teilweise über eine Pappscheibe abgerollt. Nach dem vorsichtigen Entfernen der Pappscheibe wird an einer Seite ein Auftriebskörper, wie eine leere Fotodose, ein Korken oder ein Stückchen Styropor, an dem Bündel befestigt. Der untere Teil wird dann aufgeschnitten, fertig ist der Ablaichmop, der jahrelang Verwendung finden kann. Manche Killizüchter bevorzugen dunkelgrüne Wolle, aber die Zuchterfolge sind von der Farbe des Material unabhängig.

Sammeln sie im Herbst trockenes Rotbuchenlaub - dieses ist ein ideales Bodengrund in Zuchtaquarien und dient

Das Javamoos, Vesicularia dubyana, ist eine ideale Laichpflanze, da sie anspruchslos ist und mit den meisten Wasserwerten gut zurecht kommt. Foto: Dr. J. Schmidt

zur Anreicherung des Zuchtwassers mit Huminsäuren und Tanninen!

In vielen Fällen ist es besser, lebende Pflanzen als Laichsubstrat anzubieten, entweder weil die Fische dies bevorzugen oder weil der Aquarianer dies als schöner empfindet. Dafür hat sich vor allem das Javamoos, Vesicularia dubyana, bewährt, aber auch andere feinfiedrige Pflanzen sind geeignet. Es ist ja auch wirklich schöner als Torffasern oder Laichmops, läßt sich aber leider schlechter sauber halten. Aber auch das Javamoos kann hin und wieder unter fließendem lauwarmem Wasser ausgespült werden, ohne daß es dabei geschädigt wird.

Die Füllung des Aquariums

Nach der Einrichtung und der Installation der Technik, die allerdings noch nicht ans Stromnetz angeschlossen werden darf, wird das Aquarium zu $\frac{1}{3}$ bis $\frac{2}{3}$ mit Wasser gefüllt. Damit beim Einlaufenlassen des Wassers über einen Schlauch kein Bodengrundmaterial sowie Schmutz und Dünger aus dem Grund aufgewirbelt - und damit die Einrichtung unerwünscht umgestaltet - wird, ist es günstig, einen Teller oder etwas ähnliches unter den Wasserstrahl zu stellen, damit der Wasserstrahl gebrochen wird und es zu keinen Aufwirbelungen kommt.

Das Wasser

Das Wasser spielt für manche Killis eine besondere Rolle. Das Aquariumwasser muß dem Wasser der Heimatgewässer

der jeweiligen Arten möglichst weitgehend entsprechen. Dadurch sind die Möglichkeiten der Vergesellschaftung verschiedener Arten eingeschränkt, wenn die bevorzugten Wasserwerte nicht übereinstimmen.

Achtung: Besonders wichtige zu berücksichtigende Parameter der Wasserchemie sind die Härte und der pH-Wert.

Bei der Wasserhärte sind die Gesamthärte und Karbonathärte des Wassers zu unterscheiden. Sie werden als Grad Gesamthärte in °dGH und als Karbonathärte in °dKH angegeben. Der Gesamtgehalt gelöster Mineralstoffe kann auch aus dem elektrischen Leitwert des Wassers erschlossen werden. Für die meisten Killifische muß das Wasser weich sein. Deshalb müssen Aquarianer regelmäßig die Wasserqualität in ihren Aquarien überwachen, denn nur bei einem pH-Wert von 6,0 bis 7,2 und einer Gesamthärte zwischen 2° und 10 °dGH sowie einer elektrischen Leitfähigkeit von 50 bis 120 μS/cm bei 22 °C fühlen sich die meisten Killis wohl.

Bei einem regelmäßigen Wasserwechsel muß das zum Wechseln verwendete Wasser etwa die gleichen Werte aufweisen wie das vorhandene Aquarienwasser, damit die Unterschiede für die Fische nicht zu kraß sind.

> **Achtung:** Bei zu großen Unterschieden in der Wasserchemie können die Fische durch Wasserwechsel erkranken!

Idealerweise werden wöchentlich ein Drittel oder zweiwöchentlich zwei Drittel des Aquarienwassers ausgetauscht. Denn solche Teilwasserwechsel sorgen dafür, daß Ihre Killis gesund bleiben und zur Zucht angeregt werden. Auch die Stoffwechselendprodukte der Fische werden dadurch verdünnt und der Schadstoffabbau wird durch regelmäßige Teilwasserwechsel beschleunigt. Zwar sind solche Teilwasserwechsel für den Aquarianer recht arbeitsintensiv, aber dadurch bleiben Ihre Pfleglinge gesund und aktiv.

Die Abdeckung

Aquarien für Killis müssen unbedingt abgedeckt werden, damit die Fische nicht herausspringen können und damit nicht zuviel Wasser verdunstet. Viele Kil-

Schwimmpflanzen, wie Salvinia *und* Eichhornia, *sind sehr gut zur Beschattung des Aquariums geeignet. Foto: Dr. J. Schmidt*

lifische springen gern und viel und sind dadurch einem hohen Risiko - aus dem Aquarium herauszuspringen - ausgesetzt. Als Abdeckung sind vier bis fünf Millimeter dicke Glasscheiben oder durchsichtige Kunststoffplatten, die einen Gewichtsvorteil haben, sehr wichtig. Aber Plexiglas ist wärmeempfindlich und verzieht und biegt sich, wenn es länger auf dem Aquarium unter der Beleuchtung liegt, so daß an den Seiten wieder Ritzen entstehen, wodurch die Fische entweichen können. Es hat sich bewährt, nicht eine ganze Deckscheibe zu verwenden, sondern mehrere kleine, so daß zur Fütterung oder zum Hantieren am Aquarium nicht die gesamte Scheibe abgehoben werden muß.

Offene Aquarien, die mit hängenden Lampen beleuchtet werden, müssen mit einer Art „Kragen", der aus dünnen Glas mit Silikon geklebt sein kann, versehen sein, um hier ein Herausspringen der Fische zu unterbinden und Luftströmungen direkt an der Wasseroberfläche zu mindern.

Alle Ritzen und die abgeschnittenen Ecken, durch die notwendige Rohre und

Das Schau-
aquarium mit
Killis ist bisher
nur selten in
der Aquaristik
vertreten. Den-
noch zeigt die-
ses Beispiel ei-
ne gute Mög-
lichkeit auf.
Foto: Aqualife
Taiwan

Kabel ins Aquarium geleitet werden, müssen sorgfältig mit Schaumstoffstückchen verstopft sein, denn die Killifische finden leider jede winzigste Gelegenheit, um aus dem Aquarium zu entweichen.

Tip: Eine aus mehreren einzelnen Scheiben bestehende Abdeckung erleichtert die Fütterung, da so nicht immer die ganze Scheibe angehoben werden muß.

Es ist sinnvoll, mit Silikon einen kleinen Griff auf die zur Fütterung abzuhebende Deckscheibe zu kleben.

Aus dem Aquarium herausgesprungene Fische müssen sofort zurückgesetzt werden, damit sie nicht durch Austrocknung sterben. Fische, die bereits länger draußen lagen, da sie unbemerkt heraussprangen, deren Haut bereits angetrocknet ist, die aber noch leben, müssen sofort in ein Quarantäneaquarium gesetzt werden. Das gilt auch für Killis,

die sich beim Herausspringen, was ja auch bei der Fütterung geschehen kann, verletzt haben. Vorsorglich kann dem Wasser im Quarantäneaquarium ein Mittel gegen Verpilzungen in vorgeschriebener Dosierung zugesetzt werden.

Das Schauaquarium

Schöne bepflanzte Aquarien und Gesellschaftsbecken sind für die Pflege von Killifischen ideal. Weil diese Aquarien dem üblichen, weit verbreiteten Schema entsprechen, muß hier nicht näher darauf eingegangen werden, denn es gibt genügend Aquaristikliteratur, die sich damit auseinandersetzt.

Das Zuchtaquarium

Bei den Vorstellungen der einzelnen Arten finden sich die jeweiligen speziellen Ansprüche erläutert, deshalb werden hier zunächst lediglich allgemeine Dinge angesprochen.

Killizuchtaquarien müssen bestimmte Anforderungen erfüllen. Das Wasser muß weich und - je nach Art - leicht bis stark sauer sein. Für die Weibchen müssen viele Verstecke zur Verfügung stehen.

Für die Killifischzucht hat es sich bewährt, das Aquarium nur halb oder zu zwei Dritteln mit Wasser zu füllen, damit sich über dem Wasser ein ausreichender Luftraum bilden kann. Dadurch können die Sumpf- und Schwimmpflanzen hier aus dem Wasser herauswachsen, wachsen deshalb insgesamt besser und sorgen so für die notwendige gute Wasserqualität und zudem beschatten sie die Oberfläche, was den Fischen wiederum die nötige Sicherheit verleiht. Denn in der Natur leben die Fische in ständiger Angst vor Räubern aus der Luft, wie beispeilsweise Reihern oder Eisvögeln.

Neben nicht ganz dem Grund aufliegenden Moorkienholzstücken haben sich gut gesäuberte Kokosnußschalen als Verstecke für die Weibchen bewährt.

> **Hinweis: Auf Kies als Bodengrund kann im Zuchtaquarium verzichtet werden; besser ist es, die spiegelnde Bodenplatte mit Laub, Fasertorf oder etwas Torfgranulat abzudecken; dies kommt auch der Wasserqualität zugute.**

Entsprechend der Laichweise der Fische müssen passende Laichsubstrate, in Form von Torf, Fasertorf, Javamoos oder Laichmops angeboten werden.

Anstelle der nur teilweise mit Wasser gefüllten Aquarien sind selbstverständlich auch Aquaterrarien und Paludari-

Solche Harnischwelse der Gattung Ancistrus sind sehr gut zur Vergesellschaftung mit Killis in Schau- und Aufzuchtaquarien geeignet. Sie verzehren Nahrungsreste und entfernen Algen von den Einrichtungsgegenständen. Foto: Dr. J. Schmidt

en für die Killifischpflege und -zucht sehr gut geeignet.

Ein kleines Zuchtaquarium für Substratlaicher - wie zum Beispiel der Kap Lopez, *Aphyosemion australe* - könnte etwa wie folgt aussehen: Zur Haltung und auch zur Zucht genügt für die meisten Arten ein kleines 20 Liter-Aquarium (40 x 20 x 25 cm), in dem ein Paar mit einem jungen *Ancistrus*-Harnischwels als „Saubermann" vergesellschaftet ist. Das Aquarium enthält viel Javamoos und ist an der Oberfläche mit Sumatrafarn abgeschattet. An eine Seite kann eine Solitärpflanze, zum Beispiel eine kleiner bleibende *Cryptocoryne* oder *Echinodorus*, gepflanzt werden. Dieses Miniaquarium wird mit einer kleinen 8-W-Neonröhre beleuchtet. -

Ein kleines Aquarium - und dennoch attraktiv. Ohne Technik, denn bei so wenigen Fischen ist nicht einmal ein Filter notwendig und eine Heizung entfällt, weil den meisten Killis die Zimmertemperatur gerade recht ist. Es genügen jede Woche ein 5- bis 10-l-Teilwasserwechsel mit Mulmabsaugen, Auslichten der Schwimmpflanzen und das Abfischen geschlüpfter Jungfische. Auf diese Weise ist auch ein solches Miniaquarium nicht sonderlich pflegeaufwendig und kann sogar ein kleines Schmuckstück in der Wohnung sein.

Gesunde kleinere Prachtkärpflinge in ein solches Aquarium gesetzt, sind am ersten Tag noch etwas schreckhaft und scheu, doch schon am folgenden Tag zeigen sie keine Furcht vor einem vorsichtig herantretenden Beobachter mehr. Bei kräftiger Fütterung pflanzen sich die Fischlein oft schon als Jungfische fort.

Zum Wohlbefinden der Killis bietet der Pfleger ein Wasser mittlerer Härte und von etwa neutralem pH-Wert an. Die Wassertemperatur kann zwischen 20° und 24 °C liegen; in vielen Räumen ist

also nicht einmal eine Aquarienheizung für das Killifischaquarium notwendig.

Die Filterung

An größeren Aquarien wird der Killifreund sicherlich die üblichen großen Motorfilter installieren, deren Öffnung er allerdings mit einer Schaumstoffpatrone versieht, damit keine Jungfische angesaugt werden können.

In den kleineren Aquarien ist bei einer schwachen Besetzung gar keine Filterung notwendig, doch kann ihr Einsatz keinesfalls schaden. Zur Sauerstoffversorgung kann ein luftpumpenbetriebener Sprudelstein eingesetzt werden. Wenn Sie ohnehin über eine leistungsfähige Membranluftpumpe oder gar ein Seitenkanalgebläse verfügen, dann können mit diesem Gerät auch kleine luftbetriebene Innenfilter angetrieben werden, die als kleine Plastiktöpfe mit unterschiedlichem Filtermaterial ausgestattet sein können oder einfach aus einer Schaumstoffpatrone bestehen, die regelmäßig ausgewaschen wird.

In diesem Buch stellen wir Ihnen im Artenteil etwa 60 ausgewählte Killifische vor. Dabei handelt es sich vornehmlich um besonders gut für die Aquaristik geeignete Killis, die in der Mehrzahl auch leicht züchtbar sind. Doch gibt es auch einige prächtige Killis, die zu den Problemfischen zählen, und die wir Ihnen hier nicht vorenthalten wollen.

Deshalb ist in den einzelnen Artvorstellungen jeweils eine Bemerkung zur Eignung für die Aquaristik enthalten. Außerdem ist im Artteil zwischen den Ansprüchen der jeweiligen Killis bei der gewöhnlichen Pflege und bei der Zucht unterschieden, denn bei einigen Arten gibt es in dieser Hinsicht doch erhebliche Differenzen. Zudem läßt sich gewöhnlich aus der Herkunft und den Lebensbedingungen der Fische einiges über die Ansprüche der Arten in der Aquaristik schließen, so daß auch hierzu immer wenigstens einige kurze Mitteilungen beigegeben sind.

Die artgerechte Pflege der Killis muß bei allen diesen Betrachtungen immer im Vordergrund stehen.

Gattung *Aphanius*
Orientkärpfling

Art: *Aphanius mento* (HECKEL, 1843) (4 cm).
Verbreitung: Der Orientkärpfling stammt aus dem östlichen Mittelmeerraum. Dort lebt er im Süden der Türkei sowie in den Flußniederungen von Euphrat und Tigris bis zum Persichen Golf.
Lebensraum: Die Art lebt in den Mündungsbereichen der Flüsse und Ströme, in den Randbereichen der Salzseen, in Oasengewässern und an den Ufern der großen Flüsse.
Lebensweise: Orientkärpflinge leben versteckt zwischen der Ufervegetation.
Nahrung: Sie ernähren sich von Wassertieren und ins Wasser gefallenen Landinsekten (Anflug) in annähernd gleichen Anteilen.
Fortpflanzung: Die Eier werden nach kurzer Balz an der Unterwasservegetation abgelaicht. Sie entwickeln sich ohne Pause innerhalb von etwa drei Wochen, bei hohen Temperaturen etwas schneller. Die Eientwicklung ist auch von der Härte, beziehungsweise dem Salzgehalt des Wassers abhängig.

Schön bepflanzte Wohnzimmeraquarien sind der Höhepunkt der Aquaristik. Trotzdem sind solche Aquarien bisher nur selten mit Killifischen besetzt worden. Zwar ist das Pflanzenwachstum bei den erforderlichen kühleren Wassertemperaturen weniger üppig, aber dafür gibt es auch weniger Algenprobleme.
Foto: Aqualife Taiwan

Der Orientkärpfling benötigt einen Salzzusatz im Aquarienwasser und kann deshalb nur unter Einschränkungen in Pflanzenaquarien gepflegt werden. Dennoch ist es möglich, einige robustere Pflanzen ins Aquarium einzubringen.

Besonderheiten: Die Orientkärpflinge leben in sehr unterschiedlichen Gewässern mit verschiedenen Wasserhärten und Salzgehalten. Auch die Wassertemperaturen differieren zwischen 5 und 30 °C.

Haltung

Haltungsaquarium: Entsprechend der jeweiligen Herkunft der Fische können sich die speziellen Ansprüche an Härte und Temperatur sehr unterscheiden. Die Gruppenhaltung in versteckreichen Aquarien ab 50 Litern Inhalt ist ideal. Bei hohem Salzgehalt müssen anstelle der Wasserpflanzen angemessene andere Versteckmöglichkeiten und Laichsubstrate angeboten werden.

Wasser: 10 bis 20 °dGH, 8 bis 10 °KH, pH 7 bis 8,5; 10 bis 28 °C.

Fütterung: Alle Futtersorten passender Größen.

Zucht

Zuchtaquarium: Gruppendaueransatz.

Zuchtwasser: 10 bis 18 °dGH, 8 bis 18 °KH, pH 7,0 bis 8,0; 15 bis 28 °C.

Fütterung der Elterntiere: Lebend- und Frostfutter, vor allem Mückenlarven, ergänzt durch Flockenfutter.

Zuchtmethode: Ansatz eines Paars, das zuvor etwa eine Woche getrennt wurde, oder Daueransatz im Artaquarium.

Aufzucht: Die sehr kleinen Jungfische bewältigen sofort *Cyclops*- und *Artemia*-Nauplien sowie feine Futterflocken. Mindestens dreimal täglich füttern und möglichst oft Anteile des Wassers erneuern.

Besonderheiten: Die Larven schlüpfen manchmal bei etwas niedrigeren oder leicht schwankenden Salzgehalten besser.

Mein Tip: Robuste, empfehlenswerte Art.

Gattung *Aphyosemion*
Prachtkärpflinge
Amiets Prachtkärpfling

Art: *Aphyosemion amieti* RADDA, 1976 (7 cm).

Verbreitung: Afrika, Westkamerun.

Lebensraum: Bäche und Uferbereiche der Tropenwaldflüsse.

Lebensweise: Flachwasser und Uferbewohner.

Nahrung: Hoher Anfluganteil.

Fortpflanzung: *Aphyosemion amieti* ist ein Bodenlaicher, der vor allem Pflanzen in Bodennähe als Substrat bevorzugt. Die Eier entwickeln sich - ohne Pause - in zwei bis drei Wochen.

Besonderheiten: Die Art besitzt nur ein kleines Verbreitungsgebiet im Sanga-System und der Nachbarschaft.

Haltung

Haltungsaquarium: Für ein Paar genügt ein kleines 20 Liter Aquarium.

Wasser: 2 bis 20 °dGH, 0 bis 8 °KH, pH 6 bis 7,5; 18 bis 26 °C.

Fütterung: Alle Futterarten passender Größen wie Mückenlarven und Wasserflöhe, auch Flocken und Granulat werden angenommen; Fruchtfliegen sind eine ausgezeichnete Ergänzung.

Zucht

Zuchtaquarium: Wie im Haltungsaquarium im Daueransatz, eventuell nur 10 Liter Wasser.

Zuchtwasser: 0 bis 12 °dGH, 0 bis 4 °KH, pH 6,0 bis 6,8; 22 bis 27 °C.

Fütterung der Elterntiere: Lebend- und Frostfutter, vor allem Fruchtfliegen, ergänzt durch Granulat- und Flockenfutter.

Zuchtmethode: Ansatz eines Paars, das zuvor etwa eine Woche getrennt wurde, oder Daueransatz im Artaquarium. Die Eier können - trockengelegt - etwa zwei bis drei Wochen länger gelagert werden.

Aufzucht: Die Jungfische bewältigen sofort *Artemia*-Nauplien. Alle zwei bis drei Tage sind Teilwasserwechsel und das Absaugen des Mulms unerläßlich.

Besonderheiten: Leicht zu pflegende und zu züchtende Art. Im Gegensatz zu anderen Prachtkärpflingen sind die Männchen etwas weniger aggressiv, dennoch kann es zu leichten Flossen- und Schuppenverletzungen kommen, die bei leichtem Salz- oder Ektozonzusatz jedoch gut und schnell heilen.

Auch wenn es dem Ruf eines Fischs oft eher schadet als nützt - Amiets Prachtkärpfling, Aphyosemion amieti, ist eine ideale und zudem prächtige Art für den Anfänger der Killifischpflege. In größeren Aquarien ab 50 Litern Inhalt können durchaus mehrere Männchen gemeinsam gepflegt werden. Foto links: Aqualife Taiwan Foto unten: Dr. J. Schmidt

Mein Tip: Eine ideale Art für den angehenden Killifischfreund.

Kap Lopez

Art: *Aphyosemion australe* (Rachow, 1921) (6 cm).
Verbreitung: Westafrika.
Lebensraum: Kleingewässer.
Lebensweise: Der Kap Lopez lebt bevorzugt in kleinen Tümpeln und sehr langsam fließenden Gewässern. In größeren Gewässern zieht er sich in die Ufervegetation zurück.
Nahrung: Kleine Wassertiere und Anflug.
Fortpflanzung: Dauerlaicher.
Besonderheiten: Ein Killifisch, der sich seit seiner Erstbeschreibung dauerhaft in der Aquaristik hielt und zu recht zu den beliebtesten Aquarienfischen zählt.

Haltung

Haltungsaquarium: Für kleine Gruppen eignen sich Aquarien ab 50 Litern.
Wasser: 2 bis 20 °dGH, 0 bis 8 °KH, pH 6 bis 7,5; 18 bis 26 °C.
Fütterung: Alle Futterarten solcher Größen, die ins Maul passen.

Zucht

Zuchtaquarium: 10 l für ein Paar oder Gruppenansatz im Haltungsaquarium.
Zuchtwasser: 0 bis 15 °dGH, 0 bis 4 °KH, pH 6,0 bis 7,0; 22 bis 26 °C.
Fütterung der Elterntiere: Lebend- und Frostfutter, besonders Mückenlarven, Fruchtfliegen (*Drosophila*), ergänzt durch Flockenfutter.
Zuchtmethode: Ansatz eines Paars, das zuvor etwa eine Woche getrennt wurde, oder Daueransatz im Artaquarium.
Aufzucht: Bei etwa 22 °C schlüpfen die Larven nach etwa zwei Wochen. Die kleinen Jungfische benötigen feines Erst-

futter, das durch Räder- und Pantoffeltierchen geliefert werden kann. Feine Futterflocken und *Artemia*-Nauplien sind zunächst manchmal zu grob und können erst nach etwa einer Woche angeboten werden. Mindestens dreimal täglich füttern und möglichst oft Anteile des Wassers erneuern.
Besonderheiten: Neben der prächtigen Wildform gibt es die abgebildete rot-orangene Zuchtform, die sich in der Aquaristik besser durchsetzte.
Mein Tip: Halten und züchten Sie die Kap Lopez bei Wassertemperaturen zwischen 20 und 23 °C. Dann können die Fische über drei Jahre alt werden.

Vielfarbiger Prachtkärpfling

Art: *Aphyosemion bitaeniatum* (AHL, 1924) (4 cm).
Verbreitung: Westafrika, Togo, Benin und Nigeria.
Lebensraum: Stehende Kleingewässer.
Lebensweise: Bevorzugt vegetationsreiche, wärmere Kleingewässer.
Nahrung: Vor allem Insektenlarven, Kleinkrebse und Anflug.
Fortpflanzung: Dauerlaicher, die Eier durchlaufen keine Entwicklungspause.

Besonderheiten: Farbenprächtige Art, von der zahlreiche Fundortvarianten bekannt wurden.

Haltung

Haltungsaquarium: Ein 20 Liter Aquarium genügt für ein Männchen und zwei bis drei Weibchen.

Wasser: 2 bis 20 °dGH, 0 bis 8 °KH, pH 6 bis 7,2; 20 bis 28 °C.

Fütterung: Alle Futterarten passender Größen.

Zucht

Zuchtaquarium: Ansatz im Trio im 10 l-Aquarium.

Zuchtwasser: 0 bis 15 °dGH, 0 bis 4 °KH, pH 6,0 bis 7,0; 22 bis 30 °C.

Fütterung der Elterntiere: Lebend- und Frostfutter, besonders Mückenlarven, ergänzt durch Flockenfutter.

Zuchtmethode: Ansatz eines Trios, das zuvor ein bis zwei Wochen getrennt wurde, oder Daueransatz im Artaquarium.

Aufzucht: Die kleinen Jungfische benötigen feines Erstfutter, das durch Räder- und Pantoffeltierchen geliefert werden kann. Feine Futterflocken und *Artemia*-Nauplien sind zu grob und können nach einer Woche zusätzlich angeboten werden. Mindestens dreimal täglich füttern und möglichst oft Teile des Wassers wechseln.

Mein Tip: Zuchtansatz mit einem Männchen und mehreren, also zwei bis vier Weibchen.

Vielfarbiger Prachtkärpfling, Aphyosemion bitaeniatum, Männchen, von dem leider keine Fundortbezeichnung vorliegt. Solche Fische dürfen nur zur Zucht verwendet werden, wenn es keine alternativen mit Fundortangaben gibt.

Vielfarbiger Prachtkärpfling, Aphyosemion bitaeniatum, Männchen von Udmudike.

Gebänderter Prachtkärpfling, Aphyosemion bivittatum, Männchen von Funge. Beide Arten gehören zur Untergattung Chromaphyosemion. Fotos: Aqualife Taiwan

41

Gebänderter Prachtkärpfling

Art: *Aphyosemion bivittatum* (LÖNN-BERG, 1895) (4 cm).

Verbreitung: Westafrika, im Grenzbereich zwischen Nigeria und Kamerun.

Lebensraum: Tieflandgewässer im Tropenwald, vor allem stehende Gewässer.

Lebensweise: Wie *A. bitaeniatum*.

Nahrung: Insekten - Larven und Anflug.

Fortpflanzung: Wie *A. bitaeniatum*.

Besonderheiten: Sehr ähnlich zu *A. bitaeniatum*, mit dem die Art zur Untergattung *Chromaphysemion* gehört, die zur Zeit allerdings nicht von allen Fischkundlern anerkannt wird.

Haltung

Haltungsaquarium: Eine kleine Gruppe kann gut im 50 Liter Aquarium gepflegt werden, für ein Gesellschaftsaquarium sind mindestens 80 Liter erforderlich.

Wasser: 2 bis 20 °dGH, 0 bis 8 °KH, pH 6 bis 7,2; 20 bis 27 °C.

Fütterung: Alle Futtersorten, die ins kleine Maul passen.

Zucht

Zuchtaquarium: Für ein Trio, ein Männchen und zwei Weibchen, genügt ein zehn Liter Aquarium.

Zuchtwasser: 0 bis 15 °dGH, 0 bis 4 °KH, pH 6,0 bis 7,0; 22 bis 27 °C.

Fütterung der Elterntiere: Lebend- und Frostfutter, besonders Mückenlarven, *Drosophila*, ergänzt durch Flockenfutter.

Zuchtmethode: Ansatz eines Trios, das zuvor etwa ein bis zwei Wochen getrennt wurde, oder Daueransatz in der Gruppe im Artaquarium. Schlupf nach drei Wochen. Die geschlüpften Jungen können abgeschöpft und umgesetzt werden.

Kekem-Kärpfling, Aphyosemion bualanum kekemense, Männchen von N'nen. Foto: Aqualife Taiwan

Aufzucht: Mit den üblichen feinen Futtersorten problemlos.

Mein Tip: Die *Chromaphyosemion* müssen etwas wärmer als die meisten anderen Killis gepflegt werden.

Kekem-Prachtkärpfling

Art: *Aphyosemion bualanum kekemense* (RADDA & SCHEEL, 1975) (5 cm).

Verbreitung: Westafrika, speziell bei der Ortschaft Kekem in Westkamerun.

Lebensraum: In den Kleingewässern der Savannengebiete .

Lebensweise: Uferbewohner.

Nahrung: Kleine Organismen unterschiedlichen tierischen Ursprungs.

Fortpflanzung: Bodenlaicher, der Pflanzen in Bodennähe als Substrat bevorzugt. Die Eier entwickeln sich - ohne Diapause - in zwei bis drei Wochen.

Besonderheiten: *Aphyosemion bualanum* ist eine Art, von der es im großen Westafrikanischen Verbreitungsgebiet zahlreiche Fundvarianten gibt, die zum Teil als Unterarten beschrieben wurden, deren Status jedoch als sehr zweifelhaft angesehen werden muß. Deshalb sind die Fundortangaben besonders wichtig.

Haltung

Haltungsaquarium: Paarweise Haltung (10 l) oder in der Gruppe (ab 50 l).

Wasser: 2 bis 20 °dGH, 0 bis 8 °KH, pH 6 bis 7,5; 20 bis 26 °C.

Fütterung: Alle Futterarten passender Größen.

Zucht

Zuchtaquarium: Wie Haltung.

Zuchtwasser: 0 bis 15 °dGH, 0 bis 4 °KH, pH 6,0 bis 7,0; 22 bis 28°C.

Fütterung der Elterntiere: Lebend- und Frostfutter, besonders Mükkenlarven und *Drosophila*, ergänzt durch Flockenfutter.

Zuchtmethode: Ansatz eines Paars, das zuvor etwa eine Woche getrennt wurde, oder Daueransatz im Artaquarium, auch in der Gruppe möglich.

Aufzucht: Die Jungfische bewältigen sofort feine Futterflocken, *Cyclops*- und *Artemia*-Nauplien. Es muß mindestens dreimal täglich gefüttert und möglichst oft Wasser gewechselt werden. Die Larven schlüpfen nach 14 bis 18 Tagen, bei trockener Aufbewahrung kann die Entwicklungsdauer um bis zu drei Wochen verzögert werden.

Mein Tip: Am besten legen sie sich nur eine Fundortvariante oder Unterart von *Aphyosemion bualanum* zu, um Kreuzungen zu vermeiden. Die aus den Kreuzungen entstehenden Bastarde könnten günstigenfalls unfruchtbar sein, sie sind in jedem Falle für einen verantwortungsvollen Züchter wertlos und dürfen keinesfalls in den Handel gelangen.

Schwanzstreifen-Prachtkärpfling, Aphyosemion caudofasciatum, Männchen, leider ohne genaue Fundortangabe. Foto: Aqualife Taiwan

Schwanzstreifen-Prachtkärpfling

Art: *Aphyosemion caudofasciatum* (HUBER & RADDA, 1979) (5 cm).

Verbreitung: Westafrika, im Süden der Republik Kongo.

Lebensraum: Kleine Tropenwaldbäche.

Lebensweise: Uferbewohner.

Nahrung: Alle passende Nahrung tierischen Ursprungs.

Fortpflanzung: Dauer-Substratlaicher.

Besonderheiten: Der senkrechte Streifen in der Schwanzflosse ist sehr ungewöhnlich; lediglich bei einer *Aphyosemion ogoense*-Population tritt dieses Merkmal ebenfalls auf.

Haltung

Haltungsaquarium: Paarweise ab 10 l-, in der Gruppe ab 50 l-Aquarien. Torffasern und Javamoos sollten sich auch im Haltungsaquarium als Laichsubstrate befinden, sofern beide Geschlechter gemeinsam gepflegt werden. Verstecke für die Weibchen sind wichtig.

Wasser: 2 bis 15 °dGH, 0 bis 7 °KH, pH 6 bis 7,2; 18 bis 24 °C.

Fütterung: Alle Futterarten passender Größen, bevorzugt Mückenlarven.

Zucht

Zuchtaquarium: Kleine Aquarien genügen für den paarweisen Zuchtansatz.

Zuchtwasser: 0 bis 15 °dGH, 0 bis 4 °KH, pH 6,0 bis 6,8; 20 bis 25 °C.

Fütterung der Elterntiere: Lebend- und Frostfutter, besonders Mückenlarven, *Drosophila*, ergänzt durch feines Granulat- oder Flockenfutter.

Zuchtmethode: Ansatz eines Paars, das zuvor etwa eine Woche getrennt wurde, oder Daueransatz im Artaquarium.

Aufzucht: *Cyclops*- oder *Artemia*-Nauplien sowie feines Flockenfutter.

Mein Tip: Da die Weibchen manchmal von den Männchen sehr gejagt werden, sind zahlreiche Verstecke im Aquarium erforderlich.

Lebensraum: Kleine Bäche der tropischen Regenwälder.

Lebensweise: Bevorzugt Kleingewässer.

Nahrung: Alles tierischen Ursprungs.

Fortpflanzung: Dauerlaicher, die Eier haben keine Diapause.

Besonderheiten: Nahe mit *A. calliurum* verwandt; bei *A. c. winifredae* dürfte es sich um ein Synonym handeln.

Haltung

Haltungsaquarium: 20 l für ein Trio.

Wasser: 2 bis 12 °dGH, 0 bis 5 °KH, pH 6 bis 6,8; 20 bis 25 °C.

Fütterung: Alle Futterarten passender Größen.

Zucht

Zuchtaquarium: Ansatz im Paar oder Trio.

Zuchtwasser: 0 bis 15 °dGH, 0 bis 4 °KH, pH 6,0 bis 7,0; 22 bis 30 °C.

Fütterung der Elterntiere: Lebend- und Frostfutter, besonders Mückenlarven und Anflug.

Zuchtmethode: Ansatz eines Paars, das zuvor etwa zwei Wochen getrennt wurde, oder Daueransatz im Artaquarium.

Aufzucht: Mit *Cyclops*- oder *Artemia*-Nauplien ist die Aufzucht relativ leicht, da die frisch geschlüpften Larven bereits relativ groß sind.

Mein Tip: Wie bei allen *Aphyosemion*-Arten ist es sinnvoll, den Zuchtansatz in weichen und schwach saurem Wasser vorzunehmen. Ein Daueransatz ist weniger effektiv als ein gezielter Zuchtansatz, erfordert aber weniger Aufwand, da die Larven einfach abgeschöpft werden.

Celias Pracht-
kärpfling,
Aphyosemion
celiae, *Männ-
chen aus
Kamerun, L 26.
Foto: Aqualife
Taiwan*

Celias Prachtkärpfling

Art: *Aphyosemion celiae* SCHEEL, 1971 (4,5 cm).

Verbreitung: Afrika, in Westkamerun.

Chaytors Prachtkärpfling

Art: *Aphyosemion chaytori* ROLOFF, 1971 (5 cm).

Verbreitung: Westafrika, in Sierra Leone.

Lebensraum: Kühle, fließende Quellbäche.

Lebensweise: Besiedelt alle vegetationsreichen oder sonstwie versteckreichen Gewässerbereiche.

Nahrung: Insekten und deren Larven.

Fortpflanzung: Substratlaichende Art, die Eier entwickeln sich ohne Diapause.

Besonderheiten: Die meisten Varianten weisen in den unpaaren Flossen einen türkisfarbenen Saum auf, der bei dem abgebildeten Exemplar nur angedeutet sichtbar ist.

Haltung

Haltungsaquarium: Für eine kleine Gruppe genügt ein versteckreich eingerichtetes 50 l Aquarium. Das Wasser muß etwas kühler und durch Schwimmpflanzen abgeschattet sein. Zudem ist eine absolut dichte Abdeckung notwendig, da diese Killis besonders viel springen.

Wasser: 2 bis 10 °dGH, 0 bis 8 °KH, pH 6 bis 7,2; 20 bis 26 °C.

Fütterung: Futterarten aller ins Maul passenden Größen.

Zucht

Zuchtaquarium: Für den paarweisen Ansatz oder ein Trio genügt ein kleines 10 l Aquarium, auch der Ansatz in der Gruppe ist möglich.

Zuchtwasser: 0 bis 6 °dGH, 0 bis 4 °KH, pH 6,2 bis 7,0; 22 bis 25 °C.

Fütterung der Elterntiere: Lebend- und Frostfutter, besonders Mückenlarven, ergänzt durch Flockenfutter.

Zuchtmethode: Ansatz eines Paars oder Trios, das zuvor etwa eine Woche getrennt wurde, oder Daueransatz im Art- beziehungsweise Haltungsaquarium.

Aufzucht: Die frisch geschlüpften Larven bewältigen sofort *Artemia*- oder *Cyclops*-Nauplien. Rädertierchen und feinste Futterflocken sind gute Ersatzfuttersorten. Mindestens dreimal täglich füttern und möglichst oft Teile des Wassers erneuern.

Besonderheiten: Weichwasserart.

Mein Tip: Chaytors Prachtkärpfling ist ein gutes Beispiel für jene Arten, die bei kühler und artgerechter Haltung im Aquarium ein Alter von über vier Jahren erreichen können. Zwar fehlen exakte wissenschaftliche Untersuchungen zu diesem Thema, doch wird dies jeder Killifischfreund bestätigen können, der seine Fische wirklich längere Zeit pflegt und züchtet - und nicht nur kurze Zeit zu Fotozwecken hält. Da auch kühler gehaltene Killis regelmäßig ablaichen und ihre schönsten Farben zeigen, ist auch kaum anzunehmen, daß diese Art der Pflege ihr Wohlbefinden mindern würde.

Chaytors Prachtkärpfling, Aphyosemion chaytori, Männchen mit abweichender Färbung. Foto: Aqualife Taiwan

Zimtprachtkärpfling

Art: *Aphyosemion cinnamomeum* CLAU-
SEN, 1963 (5 cm).
Verbreitung: Westafrika, auf den Hoch-
plateaus in Westkamerun.
Lebensraum: Bäche und Uferbereiche
größere Fließgewässer, im Einzugsbe-
reich des Mbu-River.
Lebensweise: Gruppenlebend, jedoch mit
hohem Individualabstand, besonders im
Falle der adulten Männchen.
Nahrung: Lebt oberflächennah von klei-
nen Wasserinsekten, Kleinkrebsen sowie
Anflugnahrung.
Fortpflanzung: Dauerlaicher; die Eier ent-
wickeln sich sehr unterschiedlich, zum
Teil mit, zum Teil ohne Entwicklungs-
pause (Diapause).
Besonderheiten: Die Art steht A. *gardne-
ri* sehr nahe.

Haltung

Haltungsaquarium: Für ein Paar oder Trio
(1 Männchen, 2 Weibchen) genügt ein
kleines versteckreich eingerichtetes 20
Liter Aquarium. Für eine Gruppe sind
mindestens 50 Liter notwendig.
Wasser: 2 bis 20 °dGH, 0 bis 8 °KH, pH 6
bis 7,5; 18 bis 24 °C.
Fütterung: Alle Futterarten passender
Größen, Lebendfutter wird bevorzugt.

Zucht

Zuchtaquarium: Ab 10 l für ein Paar.
Zuchtwasser: 0 bis 10 °dGH, 0 bis 4 °KH,
pH 6,0 bis 6,8; 19 bis 23 °C.
Fütterung der Elterntiere: Lebend- und
Frostfutter, vor allem Weiße und Schwar-
ze Mückenlarven; in Lebendfutterman-
gelzeiten ergänzt durch Flocken- und
Granulatfutter.

Zuchtmethode: Ansatz eines Paars oder
Trios, bei dem die Geschlechter zuvor
ein bis zwei Wochen getrennt waren,
oder Daueransatz im Artaquarium. Die
Fische laichen an beliebigen Laichsub-
straten. Torf oder Javamoos werden
akzeptiert; ins Zuchtaquarium eingehängte Laichmops erleichtern dem
Züchter jedoch die Betreuung der Eier.
Aufzucht: Die Jungfische benötigen feines Erstfutter, das aus Räder- und Pantoffeltierchen bestehen kann. Feine Futterflocken und *Artemia*-Nauplien sind
zu grob und können erst nach etwa drei
Tagen nach dem Schlupf angeboten werden. Möglichst etwa dreimal täglich füttern und regelmäßig 20- bis 30 %ige Wasserwechsel durchführen.
Besonderheiten: Der Zimtprachtkärpfling
sollte relativ kühl gehalten werden, da
er vom Hochland Kameruns stammt.
Auch zur Zucht muß die Temperatur
nicht angehoben werden.
Mein Tip: Durch eine relativ kühle Haltung von 17 bis 21 °C, bei der die Zimt-
prachtkärpflinge sich durchaus noch
regelmäßig fortpflanzen, kann die Lebenserwartung der Fischlein ebenfalls
auf über drei Jahre erhöht werden.

Gabun-Prachtkärpfling

Art: *Aphyosemion gabunense* RADDA, 1975 (5-6 cm).

Verbreitung: Westafrika, Gabun.

Lebensraum: Kleine Regenwaldbäche, die zeitweise stehend und sumpfig sind, in anderen Zeiträumen hingegen durchaus kräftig fließend sein können.

Lebensweise: Überdauernde Art.

Nahrung: Wasserinsektenlarven, Kleinkrebse und Anflugnahrung.

Fortpflanzung: Dauerlaicher, Eier gewöhnlich ohne Entwicklungspause.

Besonderheiten: Es gibt mehre Unterarten, die zum Teil nicht allgemein anerkannt sind. *Aphyosemion gabunense* steht den Artengruppen um *A. elegans* und *A. striatum* nahe.

Haltung

Haltungsaquarium: Das übliche 20 l Aquarium für ein Paar oder Trio genügt völlig, einer Gruppe muß jedoch erheblich mehr Raum zur Verfügung stehen.

Wasser: 2 bis 20 °dGH, 0 bis 8 °KH, pH 6 bis 7,2; 20 bis 25 °C.

Fütterung: Alle Futtersorten passender Größen, bevorzugt Lebendfutter.

Zucht

Zuchtaquarium: Die Zucht ist mit laichbereiten Fischen auch in kleinsten Behältern möglich, sofern sich das Weibchen nach erfolgtem Ablaichen vor dem recht aggressiven Männchen verstecken kann. Bei der Verwendung sehr kleiner Zuchtaquarien ist eine ständige Beaufsichtigung der Killis angebracht, um Unfälle in Form von Aggressionen mit möglichem tödlichen Ausgang der Fische

Beim Gabun-Prachtkärpfling, *A. gabunense*, wirken die gelben Flossen mit den roten Säumen sehr auffällig. Foto: Aqualife Taiwan

untereinander zu vermeiden. Deshalb bietet sich bei der Verwendung kleiner Zuchtbehälter der tägliche Zuchtansatz, eventuell mit wechselnden Weibchen - auch in Trios - an.

Zuchtwasser: 0 bis 14 °dGH, 0 bis 4 °KH, pH 6,0 bis 7,0; 21 bis 26 °C.

Fütterung der Elterntiere: Lebend- und Frostfutter, vor allem Mückenlarven.

Zuchtmethode: Ansatz eines Paars, eines Trios oder einer Gruppe, die zuvor etwa eine Woche getrennt wurde, auch der Daueransatz im Artaquarium ist sehr gut möglich. Die Fische laichen bevorzugt an Torffasern oder feinfiedrigen Pflanzen.

Aufzucht: Die Jungen schlüpfen, abhängig von der Wassertemperatur und vom pH-Wert, nach etwa 20 Tagen. Sie können sofort mit sehr kleinen *Artemia*-Nauplien und anderem feinen Lebendfutter ernährt werden. Nach etwa zwei Wochen können zusätzlich sehr feine Futterflocken angeboten werden. Dann ist es günstig, wenn sich Wasserschnecken oder kleine Welse im Aquarium befinden, welche die zu Boden gefallenen Trockenfutterreste verzehren.

Mein Tip: Eine attraktive Art, die gut zum Einstieg in die Killipflege geeignet ist.

Gardners Prachtkärpfling

Art: *Aphyosemion gardneri* BOULENGER, 1911 (5 cm).

Verbreitung: Im tropischen und subtropischen Westafrika weit verbreitete Form.

Lebensraum: Lebt in unterschiedlichen, aber immer dauerhaft wasserführenden Gewässern, wie Gräben, Bächen, Tümpeln und sogar in den Uferbereichen kleiner Flüsse.

Lebensweise: Diese Killis leben in den mittleren und oberen Wasserbereichen, immer jedoch in der Nähe der Ufer oder anderer Versteckmöglichkeiten.

Nahrung: Kleine Wassertiere und vor allem Anflugnahrung.

Fortpflanzung: Dauerlaicher.

Besonderheiten: Eine Art mit zahlreichen Unterarten und Fundortvarianten.

Haltung

Haltungsaquarium: Da die Männchen sehr aggressiv sind, sollten einem Trio mindestens 30 l Wasser zur Verfügung stehen. Entsprechend wichtig sind Verstecke für die Weibchen und - bei Gruppenhaltung (mind. 60 l) - für die unterlegenen Männchen.

Wasser: Bis 25 °dGH, 0 bis 8 °KH, pH 6 bis 7,5; 18 bis 26 °C.

Fütterung: Nahezu alle Futterarten.

Zucht

Zuchtaquarium: Ab 30 l (s. o.).

Zuchtwasser: 0 bis 15 °dGH, 0 bis 4 °KH, pH 6,0 bis 7,0; 20 bis 26 °C.

Fütterung der Elterntiere: Lebend- und Frostfutter, besonders Mückenlarven.

Zuchtmethode: Ansatz eines Trios, das zuvor etwa eine Woche getrennt wurde, oder Daueransatz im Artaquarium.

Aufzucht: Trotz der Aggeressivität eine leicht zu züchtende Art. Die Jungen entwickeln sich in zwei bis vier Wochen und können sofort mit feinen Salinenkrebsnauplien ernährt werden. Feines Flocken- oder Granulatfutter wird notfalls ebenfalls akzeptiert.

Die schönen Varianten dieser Art sind zum Teil durchaus auch gut für den Killi-Neuling zu ersten erfolgreichen Zuchtversuchen geeignet.

Louesse-Prachtkärpfling

Art: *Aphyosemion louessense* (PELLE-GRIN, 1931) (6 cm).
Verbreitung: Westafrika, Kongo.
Lebensraum: Uferbereiche der Klein- und Kleinstgewässer.
Lebensweise: Lebt in offenen Gruppen.
Nahrung: Alle lebende Nahrung passender Größe.
Fortpflanzung: Dauerlaicher, an Wasserpflanzen und ähnlichen Substraten.
Besonderheiten: Trotz des kleinen Verbreitungsgebiets eine formenreiche Art.

Haltung

Haltungsaquarium: Ein kleines Aquarium genügt für ein Paar oder Trio.
Wasser: 2 bis 20 °dGH, 0 bis 8 °KH, pH 6 bis 7,5; 18 bis 24 °C.
Fütterung: Alle Futterarten passender Größen, auch Trockenfuttersorten.

Zucht

Zuchtaquarium: 20 l für ein Trio.
Zuchtwasser: 0 bis 15 °dGH, 0 bis 4 °KH, pH 6,0 bis 6,8; 20 bis 23 °C.
Fütterung der Elterntiere: Reichlich Lebend- und Frostfutter, vor allem Mückenlarven, ergänzt durch Flocken- oder Granulatfutter.
Zuchtmethode: Ansatz eines Trios, das zuvor eine Woche nach Geschlechtern getrennt wurde, oder Daueransatz.
Aufzucht: Mit kleinsten *Artemia*-Nauplien und Rädertierchen relativ unproblematisch.
Mein Tip: Die unterschiedlichen Fundortvarianten müssen unbedingt getrennt gehalten und vor allem gezüchtet werden, da auch Fundortbastarde für die Aquaristik wertlos sind.

Louesse-Prachtkärpflingmännchen, A. louessense. Auffällig sind die roten Längsstreifen in der gelben Schwanzflosse.

Wunderprachtkärpfling

Art: *Aphyosemion mirabile* RADDA, 1970 (7 cm).
Verbreitung: Westafrika, Kamerun.
Lebensraum: Versteckreiche Bäche und kleinere stehende Gewässer.
Lebensweise: Oberflächennah in kleinen Gruppen und dennoch versteckliebend.
Nahrung: Anfliegende Insekten und kleine Wassertierchen.

*Moense-Wunderprachtkärpflingmännchen, A. mirabile moense. Dies ist eine der zahlreichen Unterarten dieser Art.
Fotos: Aqualife Taiwan*

49

Der Grünband-Prachtkärpflin, A. primigemium, ist sehr nahe mit A. exigoideum verwandt. Foto: Aqualife Taiwan

Fortpflanzung: Dauerlaicher.
Besonderheiten: Variable Form.

Haltung

Haltungsaquarium: 20 l für ein Trio, ab 60 l für eine kleine Gruppe mit Weibchenüberhang.
Wasser: 2 bis 20 °dGH, 0 bis 8 °KH, pH 6 bis 7,2; 20 bis 26 °C.
Fütterung: Alles passende Futter.

Zucht

Zuchtaquarium: Wie Haltungsaquarium.
Zuchtwasser: 0 bis 15 °dGH, 0 bis 4 °KH, pH 6,0 bis 7,0; 22 bis 26 °C.
Fütterung der Elterntiere: Lebend- und Frostfutter, besonders Mückenlarven.
Zuchtmethode: Ansatz eines Trios, das zuvor etwa eine Woche getrennt wurde, oder Daueransatz im Artaquarium.
Aufzucht: Die zwei bis vier Wochen nach dem Ablaichen geschlüpften Jungfische können mit kleinsten *Artemia*-Nauplien ernährt werden.
Bei einer kühlen Lagerung der Eier in feuchtem Torf kann die Entwicklungszeit um etwa drei Wochen verlängert werden.
Besonderheiten: Wie bei den meisten Killifischen ist auch diese Art in der Körperfärbung, in Abhängigkeit von den Fundorten, sehr variabel und muß deshalb, wenn mehrere Fundortformen gepflegt werden, streng getrennt gehalten werden.
Mein Tip: Nur eine Fundortform von jeder Art pflegen und auch auf sehr nah verwandte Arten verzichten, um Verwechslungen und Kreuzungen von vornherein auszuschließen. Besonders interessante Formen nacheinander pflegen.

Grünband-Prachtkärpfling

Art: *Aphyosemion primigenium* RADDA & HUBER, 1977 (5 cm).
Verbreitung: Westafrika, Gabun.
Lebensraum: Kleingewässer.
Lebensweise: Sucht die Nähe von Artgenossen, ist jedoch kein Schwarmfisch.
Nahrung: Kleintiere und Anflug.
Fortpflanzung: Dauer-Substratlaicher.

Haltung

Haltungsaquarium: 20 l für ein Trio.
Wasser: 2 bis 20 °dGH, 0 bis 8 °KH, pH 6 bis 7,5; 20 bis 25 °C.
Fütterung: Alle passenden Futterarten.

Zucht

Zuchtaquarium: 20 l, Torf und Javamoos.
Zuchtwasser: 0 bis 15 °dGH, 0 bis 4 °KH, pH 6,0 bis 6,8; 22 bis 25 °C.
Fütterung der Elterntiere: Lebend-, Frostfutter und verschiedene Mückenlarven.
Zuchtmethode: Ansatz im Trio oder in größeren Gruppen.
Aufzucht: Schlupf nach drei bis vier Wochen, Ernährung der Jungfische mit feinem Lebendfutter.
Besonderheiten: Diese Art ist mit *A. exigoideum* nahe verwandt, wahrscheinlich handelt es sich hierbei lediglich um eine Unterart von *A. primigenium*.

Pürzls Prachtkärpfling

Art: *Aphyosemion puerzli* SCHEEL, 1968 (6-7 cm).
Verbreitung: Westafrika, Kamerun.
Lebensraum: Kleingewässer aller Art.
Lebensweise: In freien Gruppen.
Nahrung: Kleine Wassertiere und Anflug.
Fortpflanzung: Dauer-Substratlaicher.

Haltung

Haltungsaquarium: 20 l für ein Trio.
Wasser: 2 bis 20 °dGH, 0 bis 8 °KH, pH 6 bis 7,5; 20 bis 24 °C.
Fütterung: Alle passenden Futtersorten.

Zucht

Zuchtaquarium: Wie Haltungsaquarium.
Zuchtwasser: 0 bis 15 °dGH, 0 bis 4 °KH, pH 5,8 bis 6,8; 22 bis 25 °C.
Fütterung der Elterntiere: Lebend- und Frostfutter, besonders Mückenlarven, ergänzt durch Flockenfutter.
Zuchtmethode: Ansatz eines Trios.
Aufzucht: Schlupf nach vier Wochen bis drei Monaten, die Jungen machen also teilweise eine Entwicklungspause durch. Die Ernährung der Jungfische mit feinem Lebendfutter ist - ebenso wie die Aufzucht - einfach.
Mein Tip: Eine gute Art für den Neueinsteiger in die Killifischzucht.

Rotpunkt-Prachtkärpfling

Art: *Aphyosemion pyrophore* (HUBER & RADDA, 1979) (5 cm).
Verbreitung: Westafrika, Gabun, Kongo.
Lebensraum: Kleingewässer aller Art.
Lebensweise: In freien Gruppen.
Nahrung: Kleine Wassertiere und Anflug.
Fortpflanzung: Dauer-Substratlaicher.
Besonderheiten: Ursprünglich als Unterart von *A. ogoense* beschrieben, wird diese Form auch von vielen Wissenschaftlern nicht als Art anerkannt.

Haltung

Haltungsaquarium: 20 l für ein Trio.
Wasser: 2 bis 10 °dGH, 0 bis 8 °KH, pH 6 bis 7,5; 18 bis 24 °C.
Fütterung: Alle passenden Futtersorten.

Zucht

Zuchtaquarium: Wie Haltungsaquarium.
Zuchtwasser: 0 bis 5 °dGH, 0 bis 3 °KH, pH 5,8 bis 6,8; 20 bis 24 °C.
Fütterung der Elterntiere: Lebend- und Frostfutter, besonders Mückenlarven.
Zuchtmethode: Ansatz eines Trios.
Aufzucht: Ohne Entwicklungspause; mit einer kurzen Embryonalentwicklungszeit. Schlupf nach zwei bis drei Wochen, Ernährung der Jungfische mit feinem Lebend- und Kunstfutter.

Links: Pürzls-Prachtkärpfling-männchen, A. puerzli. Die Art ist gut für den Neueinsteiger in die Killipflege geeignet.

Oben rechts: Rotpunkt-Prachtkärpfling-männchen, A. pyrophore. Die Form ist nahe mit A. ogoense verwandt oder es ist sogar nur eine Unterart. Wie bei den meisten Killifischen gibt es zahlreiche Farbvarianten. Fotos: Aqualife Taiwan

51

Links: Schwoisers Schwalben-schwanz-Prachtkärpflingmännchen, A. schwoiseri. *Die Flossen wirken wie zerbissen, jedoch handelt es sich hierbei um ein arttypisches Merkmal.*

Rechts: Blaues Prachtkärpflingmännchen, A. sjoestedti. *Bei dieser Art handelt es sich - mit 12 cm Gesamtlänge - um einen der größten Prachtkärpflinge. Fotos: Aqualife Taiwan*

Schwoisers Schwalbenschwanz-Prachtkärpfling

Art: *Aphyosemion schwoiseri* SCHEEL & RADDA, 1974 (9 cm).
Verbreitung: Westafrika, Kamerun.
Lebensraum: Kleingewässer.
Lebensweise: Einzelgänger.
Nahrung: Kleine Wassertiere und Anflug.
Fortpflanzung: Dauer-Substratlaicher.
Besonderheiten: Diese Form wird heute oft als Unterart von *A. fallax* angesehen.

Haltung

Haltungsaquarium: 40 l für ein Trio.
Wasser: 2 bis 16 °dGH, 0 bis 8 °KH, pH 6 bis 7,5; 20 bis 24 °C.
Fütterung: Alle passenden Futtersorten.

Zucht

Zuchtaquarium: Wie Haltungsaquarium.
Zuchtwasser: 0 bis 15 °dGH, 0 bis 4 °KH, pH 5,8 bis 6,8; 22 bis 25 °C.
Fütterung der Elterntiere: Gröberes Lebendfutter, besonders Mückenlarven.
Zuchtmethode: Ansatz eines Trios.
Aufzucht: Schlupf nach fünf bis sechs Wochen, Ernährung der Jungfische mit feinem Lebendfutter.
Besonderheiten: Die Männchen sind sehr aggressiv, sowohl untereinander als auch gegenüber noch nicht laichbereiten und jüngeren Weibchen.

Blauer Prachtkärpfling

Art: *Aphyosemion sjoestedti* LÖNNBERG, 1895 (12 cm).
Verbreitung: Westafrika, Nigeria und Kamerun.
Lebensraum: Kleingewässer aller Art, auch in Restwassertümpeln und zeitweise austrocknenden Gräben.
Lebensweise: In freien Gruppen.
Nahrung: Wassertiere und Anflug.
Fortpflanzung: Dauer-Substratlaicher.

Haltung

Haltungsaquarium: 40 l für ein Trio.
Wasser: 2 bis 20 °dGH, 0 bis 8 °KH, pH 6 bis 7,5; 20 bis 24 °C.
Fütterung: Größere Futtersorten.

Zucht

Zuchtaquarium: Wie Haltungsaquarium.
Zuchtwasser: 0 bis 15 °dGH, 0 bis 4 °KH, pH 5,8 bis 6,8; 22 bis 25 °C.
Fütterung der Elterntiere: Lebend- und Frostfutter, Stubenfliegen, kleine Regenwürmer sowie große Mückenlarven.
Zuchtmethode: Ansatz im Trio.
Aufzucht: Schlupf nach fünf bis acht Wochen, Ernährung der Jungfische mit feinem Lebendfutter wie *Artemia*-Nauplien.
Besonderheiten: Eine sehr groß werdende Art, die dennoch keine besonderen Ansprüche an den Pfleger stellt.

Grüner Glanzflossenprachtkärpfling

Art: *Aphyosemion splendopleure* (BRÜ-NING, 1968) (5 cm).
Verbreitung: Westafrika; Kamerun, Äquatorial-Guinea und Gabun.
Lebensraum: Kleingewässer aller Art.
Lebensweise: In Gruppen.
Nahrung: Kleine Wassertiere und Anflug.
Fortpflanzung: Dauerlaicher.
Besonderheiten: Die Art ist sehr ähnlich zu A. *bivittatum* und wurde früher oft als A. *multicolor* bezeichnet.

Haltung

Haltungsaquarium: 10 l genügen für ein Paar oder Trio unter Beaufsichtigung.
Wasser: 2 bis 20 °dGH, 0 bis 8 °KH, pH 6 bis 7,5; 20 bis 24 °C.
Fütterung: Alle passenden Futtersorten.

Zucht

Zuchtaquarium: Wie Haltungsaquarium.
Zuchtwasser: 0 bis 15 °dGH, 0 bis 4 °KH, pH 5,8 bis 6,8; 22 bis 25 °C.
Fütterung der Elterntiere: Lebend- und Frostfutter, besonders Mückenlarven, ergänzt durch feines Flockenfutter.
Zuchtmethode: Ansatz eines Trios (s. o.).
Aufzucht: Schlupf nach drei bis vier Wochen, Ernährung der Jungfische mit feinem Lebendfutter wie Rädertierchen.

Spoorenbergs Prachtkärpfling

Art: *Aphyosemion spoorenbergi* BER-KENKAMP, 1976 (8 cm).
Verbreitung: Westafrika, wahrscheinlich Nigeria und Kamerun.
Lebensraum: Unbekannt.
Lebensweise: Einzelgänger.
Nahrung: Wassertiere und Anflug.
Fortpflanzung: Dauer-Substratlaicher.
Besonderheiten: Es handelt sich um eine verwandtschaftlich relativ isolierte Form.

Haltung

Haltungsaquarium: 40 l für ein Trio.
Wasser: 2 bis 20 °dGH, 0 bis 8 °KH, pH 6 bis 7,5; 20 bis 24 °C.
Fütterung: Alle passenden Futtersorten.

Zucht

Zuchtaquarium: Wie Haltungsaquarium.
Zuchtwasser: 0 bis 15 °dGH, 0 bis 4 °KH, pH 5,8 bis 6,8; 20 bis 25 °C.
Fütterung der Elterntiere: Lebend- und Frostfutter, Weiße und Schwarze Mückenlarven, ergänzt durch Flocken.
Zuchtmethode: Ansatz eines Trios.
Aufzucht: Schlupf nach zwei bis vier Wo-

Der Grüne Glanzflossen-prachtkärpfling, A. splendopleu-re, ist eine attraktive Art, die zu A. bivittatum sehr ähnlich ist (s. a. Fotos, S. 8 und S. 27).

Spoorenbergs Prachtkärpfling-männchen, A. spoorenbergi. Es handelt sich um einen relativ groß werdenden Killi, wenn er auch die Länge von A. sjoestedti nicht erreicht. Fotos: Aqualife Taiwan

53

*Gestreiftes
Prachtkärpfling-
männchen,
A. striatum.
Foto: Aqualife
Taiwan*

chen, Ernährung der Jungfische mit feinem Lebendfutter wie *Artemia*-Nauplien.
Mein Tip: Da es sich um einen relativ großen Prachtkärpfling handelt, müssen zur Zucht entsprechend größere Aquarien Verwendung finden.

Gestreifter Prachtkärpfling

Art: *Aphyosemion striatum* (BOULENGER, 1911) (5 cm).
Verbreitung: Westafrika, Gabun.
Lebensraum: Klein- und Kleinstgewässer.
Lebensweise: In freien Gruppen.
Nahrung: Kleine Wassertiere und Anflug.
Fortpflanzung: Dauer-Substratlaicher.
Besonderheiten: Friedliche Art. Das Aquarium muß sehr gut abgedeckt sein, da die Fische - wie alle Killis - gut springen, um sie nicht zu gefährden.

Haltung

Haltungsaquarium: 10 l für ein Trio.
Wasser: 2 bis 15 °dGH, 0 bis 7 °KH, pH 6 bis 7,0; 18 bis 24 °C.
Fütterung: Alle der Größe seines Maul entsprechenden Futtersorten.

Zucht

Zuchtaquarium: Wie Haltungsaquarium.
Zuchtwasser: 0 bis 10 °dGH, 0 bis 4 °KH, pH 5,8 bis 6,8; 22 bis 25 °C.
Fütterung der Elterntiere: Lebend- und Frostfutter, besonders Mückenlarven, ergänzt durch Flocken- und Granulatfutter.
Zuchtmethode: Kurzansatz eines Paars oder Trios; oder Daueransatz in der Gruppe, wobei der Laichmop täglich ausgetauscht wird.
Aufzucht: Schlupf bereits nach einer bis zwei Wochen, Ernährung der Jungfische sofort mit feinem Lebendfutter.

Walkers Prachtkärpfling

Art: *Aphyosemion walkeri* (BOULENGER, 1911) (6 cm).
Verbreitung: Westafrika, Ghana und Elfenbeinküste.
Lebensraum: Kleingewässer aller Art.
Lebensweise: In freien Gruppen.
Nahrung: Kleine Wassertiere und Anflug.
Fortpflanzung: Dauer-Substratlaicher.
Besonderheiten: Eine sehr variable Art. Von den Fundortvarianten sind einige als Unterarten beschrieben und wissenschaftlich meist allgemein anerkannt.

Haltung

Haltungsaquarium: 20 l für ein Trio.
Wasser: 2 bis 20 °dGH, 0 bis 8 °KH, pH 6 bis 7,3; 18 bis 24 °C.
Fütterung: Alle passenden Futtersorten.

Zucht

Zuchtaquarium: Wie Haltungsaquarium.
Zuchtwasser: 0 bis 12 °dGH, 0 bis 4 °KH, pH 5,8 bis 6,9; 20 bis 24 °C.
Fütterung der Elterntiere: Lebend- und Frostfutter, besonders Mückenlarven.

Zuchtmethode: Ansatz eines Trios, unter Aufsicht auch in sehr kleinen Aquarien. Torf ist ein gut geeignetes Laichsubstrat.
Aufzucht: Schlupf nach zwei bis vier Wochen. Die erste Ernährung der Jungfische erfolgt mit feinem Lebendfutter wie Pantoffel- oder Rädertierchen.
Besonderheiten: Die als *Aphyosemion walkeri spurelli* beschriebene Unterart zeichnet sich durch die auffälligen senkrechten Streifen am Körper aus.
Mein Tip: Ein robuster und schöner Killi. Pflegen Sie nur eine der Varianten dieser Art, um die unerwünschten Kreuzungen von vornherein auszuschließen.

Leuchtaugenfische
Gattung *Aplocheilichthys*
Normans Leuchtaugenfisch

Art: *Aplocheilichthys normani* AHL, 1928 (4 cm).
Verbreitung: West- und Zentralafrika.
Lebensraum: Kleingewässer aller Art.
Lebensweise: Schwarmfisch.
Nahrung: Kleine Wassertiere und Anflug.
Fortpflanzung: Dauer-Substratlaicher.

Besonderheiten: Diese nicht zu den Killis in engerem Sinne zählenden Fische leben bevorzugt im Schwarm und müssen deshalb in Gruppen mit mindestens zwölf Fischen gepflegt werden..

Haltung

Haltungsaquarium: 40 l oder mehr für einen Schwarm.
Wasser: 2 bis 20 °dGH, 0 bis 8 °KH, pH 6 bis 7,5; 20 bis 24 °C.
Fütterung: Alle passenden Futtersorten. Es ist günstig, Leuchtaugenfische zusätzlich mit kleinen lebenden Fruchtfliegen, *Drosophila* sp., zu füttern.

Spurells Prachtkärpflingmännchen, Aphyosemion walkeri spurelli. *Deutlich sind die senkrechten Streifen sichtbar.*

Normans Leuchtaugenfisch, Aplocheilichthys normani, *zeigt mehr Pastelltöne und weniger auffällige Farben.*

Walkers Prachtkärpflingmännchen, Aphyosemion walkeri walkeri. *Diese Farbform von einem anderen Fundort wirkt eher längsgestreift.*
Fotos: Aqualife Taiwan

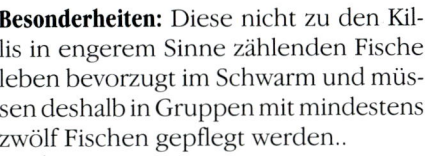

Zucht

Zuchtaquarium: Ähnlich wie das Haltungsaquarium.

Zuchtwasser: 0 bis 15 °dGH, 0 bis 4 °KH, pH 5,8 bis 6,8; 22 bis 25 °C.

Fütterung der Elterntiere: Lebend- und Frostfutter, besonders Mückenlarven, ergänzt durch Flockenfutter.

Zuchtmethode: Gruppendaueransatz.

Aufzucht: Schlupf nach ein bis drei Wochen, Ernährung der Jungfische mit feinstem Lebend- und Flockenfutter.

Mein Tip: Pflegen Sie niemals nur ein Pärchen. Ein kleiner Scharm macht hingegen auch im Gesellschaftsaquarium einen prächtigen Eindruck.

Vielfarbiger Zwergleuchtaugenfisch

Art: *Aplocheilichthys pumilus* (BOULENGER, 1906) (4-5 cm).

Verbreitung: Zentral- und Ostafrika.

Lebensraum: Kleingewässer aller Art.

Lebensweise: Schwarmfisch.

Nahrung: Kleine Wassertiere und Anflug.

Fortpflanzung: Dauer-Substratlaicher.

Besonderheiten: Weit verbreitete Art.

Haltung

Haltungsaquarium: 10 l für ein Trio, besser ist der Daueransatz im Schwarm; Torf und feinfiedrige Wasserpflanzen, wie Javamoos, als Laichsubstrate

Wasser: 2 bis 20 °dGH, 0 bis 8 °KH, pH 6 bis 7,5; 18 bis 24 °C.

Fütterung: Alle passenden Futtersorten, die ins kleine Maul passen.

Zucht

Zuchtaquarium: Wie Haltungsaquarium.

Zuchtwasser: 0 bis 15 °dGH, 0 bis 4 °KH, pH 5,8 bis 6,8; 20 bis 25 °C.

Fütterung der Elterntiere: Lebend- und Frostfutter, besonders Mückenlarven, ergänzt durch Flockenfutter.

Zuchtmethode: Ansatz eines Trios.

Aufzucht: Schlupf nach einer bis drei Wochen, Ernährung der Jungfische mit feinem Lebend- sowie Flockenfutter.

Besonderheiten: Etwas empfindlichere Art, die zur dauerhaften Pflege und Zucht sauberes und klares Wasser benötigt.

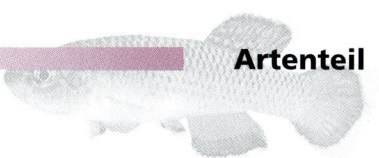

Asiatische Hechtlinge
Gattung *Aplocheilus*
Madrashechling

Art: *Aplocheilus blockii* (ARNOLD, 1911) (4-5 cm).
Verbreitung: Asien, Indien und Sri Lanka.
Lebensraum: Kleingewässer aller Art.
Lebensweise: In freien Gruppen.
Nahrung: Anflug und Wassertiere.
Fortpflanzung: Dauer-Substratlaicher.
Besonderheiten: Hechtlinge sind stark an die Oberfläche orientierte Killis, die gesellig in Gruppen leben, aber keine echten Schwarmfische sind.

Haltung

Haltungsaquarium: 20 l für ein Paar, ab 50 l für die Gruppenhaltung.
Wasser: 2 bis 20 °dGH, 0 bis 8 °KH, pH 6 bis 7,2; 20 bis 28 °C.
Fütterung: Alle passenden Futtersorten, bevorzugt Lebendfutter.

Zucht

Zuchtaquarium: Wie Haltungsaquarium.
Zuchtwasser: 0 bis 15 °dGH, 0 bis 4 °KH, pH 5,8 bis 6,8; 22 bis 25 °C.
Fütterung der Elterntiere: Lebend- und Frostfutter, besonders Mückenlarven und Fliegen, ergänzt durch Flockenfutter.
Zuchtmethode: Ansatz eines Paars oder einer Gruppe und Abfischen der nach

etwa zwei Wochen schlüpfenden Jungfische.
Aufzucht: Schlupf nach etwa zwei Wochen, Ernährung der Jungfische mit feinem Lebendfutter, wie *Artemia*-Nauplien.
Mein Tip: Eine dichte Schwimmpflanzendecke verbessert das Sicherheitsempfinden der Fische.

Madrashecht-lingmännchen, Aplocheilus blockii. Foto: F. Müller

Streifenhechtling

Art: *Aplocheilus lineatus* (CUVIER & VALENCIENNES, 1846) (12 cm).
Verbreitung: Asien, Indien.
Lebensraum: Kleingewässer aller Art.
Lebensweise: In freien Gruppen.
Nahrung: Anflug und Wassertiere.
Fortpflanzung: Dauer-Substratlaicher.
Besonderheiten: Diese oberflächenorientierten Hechtlinge leben vor allem von Insekten, die auf die Wasseroberfläche fallen oder dicht über der Oberfläche fliegen und durch Sprung erbeutet werden. Bei Schattenfall auf die Wasseroberfläche sind die Killis sehr schreckhaft.

Streifenhecht-lingmännchen, Wildform, Aplocheilus lineatus. Die Aplocheilus-Arten stammen aus Südost-Asien. Foto: Aqualife Taiwan

Haltung

Haltungsaquarium: 20 l für ein Trio, ab 60 l für eine Gruppe; Schwimmpflanzen und Verstecke sind wichtig.

Wasser: 2 bis 20 °dGH, 0 bis 8 °KH, pH 6 bis 7,5; 22 bis 28 °C.

Fütterung: Alle passenden größeren Futtersorten, vor allem Fliegen.

Zucht

Zuchtaquarium: Wie Haltungsaquarium.

Zuchtwasser: 0 bis 15 °dGH, 0 bis 4 °KH, pH 5,8 bis 6,8; 22 bis 28 °C.

Fütterung der Elterntiere: Lebend- und Frostfutter, besonders Mückenlarven und andere Insekten und -larven.

Zuchtmethode: Ansatz eines Trios oder besser Daueransatz in der Gruppe, wobei die geschlüpften Jungfische abgeschöpft und in ein eigenes Aufzuchtaquarium umgesetzt werden.

Aufzucht: Schlupf nach etwa zwei Wochen, Ernährung der Jungfische mit feinem Lebendfutter.

Besonderheiten: Die Jungfische sind kannibalisch und müssen nach Größen sortiert werden. Das erfordert eine gewisse Anzahl Aufzuchtaquarien; glücklicherweise sind die Jungen robust und brauchen keine spezielle Filterung.

Mein Tip: Nur wenige Junge aufziehen.

Gemeiner Hechtling

Art: *Aplocheilus panchax* (HAMILTON, 1822) (7 cm).

Verbreitung: Südostasien.

Lebensraum: In Kleingewässer aller Art weit verbreitet.

Lebensweise: In freien Gruppen.

Nahrung: Kleine Wassertiere und vor allem Anflug.

Fortpflanzung: Dauer-Substratlaicher.

Besonderheiten: Es handelt sich um eine robuste und weit verbreitete Art mit zahlreichen Fundortvarianten.

Haltung

Haltungsaquarium: Ab 20 l für ein Paar oder eine Gruppe.

Wasser: 2 bis 20 °dGH, 0 bis 8 °KH, pH 6 bis 7,5; 20 bis 28 °C.

Fütterung: Alle passenden Futtersorten, vor allem Fluginsekten.

Zucht

Zuchtaquarium: Wie Haltungsaquarium.

Zuchtwasser: 0 bis 15 °dGH, 0 bis 4 °KH, pH 5,8 bis 6,8; 23 bis 28 °C.

Fütterung der Elterntiere: Lebend- und Frostfutter, besonders Mückenlarven und Fliegen sowie andere Insekten.

Zuchtmethode: Gruppen-Daueransatz, Abschöpfen der Jungen.

Aufzucht: Schlupf der Jungfische nach etwa zwei Wochen, Ernährung der Jungen mit feinem Lebendfutter wie *Artemia*-Nauplien.

Besonderheiten: Ein wenig farbiger Hechtling, der sich aufgrund seiner Robustheit und leichten Züchtbarkeit dennoch einen festen Platz in der Aquaristik erobert hat.

Mein Tip: Hechtlinge können in größeren dicht bepflanzten Aquarien sehr gut im Daueransatz gepflegt werden. Zwar verfolgen die Eltern und die anderen erwachsenen Fische die Jungen als Beute, aber es kommen dennoch einige Jungfische auf, sofern genügend Verstecke vorhanden sind und sie gezielt mit kleinerem Futter ernährt werden. Nur wenn nicht genügend Junge heranwachsen, werden einige herausgefischt und getrennt aufgezogen. Die verschiedenen Hechtlinge sind zwar interessante Pfleglinge, dennoch sind die Möglichkeiten, die Nachzuchten an andere Interessenten weiterzugeben sehr eingeschränkt, so daß nicht viele Jungfische benötigt werden.

Als Laichsubstrat haben sich Schwimmpflanzen, vor allem Sumatrafarn, *Ceratopteris thalictroides*, sehr bewährt. Gleichzeitig verschaffen diese Pflanzen den Fischen eine beliebte Deckung und eine schattige Atmosphäre im Aquarium.

Alexanders Fächerfischmännchen, Cynolebias alexandri. Foto: Aqualife Taiwan

Fächerfische
Gattung *Cynolebias*
Alexanders Fächerfisch

Art: *Cynolebias alexandri* CASTELLO & LOPEZ, 1974 (8 cm).

Verbreitung: Südamerika, Argentinien.

Lebensraum: Vor allem in kleinen stehenden Gewässern und in Überschwemmungsbereichen der Flußufer.

Lebensweise: Einzelgänger.

Nahrung: Kleine Wassertiere und Anflug.

Fortpflanzung: Substratlaicher.

Besonderheiten: Die Art wird von einigen Wissenschaftlern als Unterart von *Cynolebias nigripinnis* angesehen.

Die Fächerfische laichen auf dem oder im Bodengrund. Die Eier machen eine Entwicklungspause durch.

Haltung

Haltungsaquarium: 20 l für ein Trio, besser sind 60 l für eine kleine Gruppe. Eine hohe und weiche Bodengrundschicht ist als Laichsubstrat und Versteck wichtig.

Wasser: 2 bis 20 °dGH, 0 bis 8 °KH, pH 6 bis 7,5; 15 bis 25 °C.

Fütterung: Alle passenden Futtersorten.

Zucht

Zuchtaquarium: Wie Haltungsaquarium.

Zuchtwasser: 0 bis 15 °dGH, 0 bis 6 °KH, pH 5,8 bis 7,0; 20 bis 25 °C.

Myers Fächer-fischmännchen, Cynolebias myersi. Diese attraktiven Südamerikanischen Killis sind erstaunlicherweise weniger beliebt als ihre Afrikanischen Vettern.

Schwarzflossen Fächerfisch-männchen, Cynolebias nigripinnis. Fotos: Aqualife Taiwan

Myers Fächerfisch

Art: *Cynolebias myersi* DE CARVALHO, 1971 (5-6 cm).
Verbreitung: Südamerika, Brasilien.
Lebensraum: Kleingewässer aller Art, vor allem Gräben.
Lebensweise: In freien Gruppen.
Nahrung: Kleine Wassertiere und Anflug.
Fortpflanzung: Bodenlaicher.

Fütterung der Elterntiere: Lebend- und Frostfutter, besonders Mückenlarven.
Zuchtmethode: Kurzansatz eines Trios oder im Daueransatz.
Aufzucht: Schlupf nach einer Trockenperiode von drei bis vier Monaten. Ernährung der Jungfische mit feinem Lebendfutter; *Artemia*-Nauplien haben sich hierfür bewährt. Der Laich kann sogar bis zu drei Jahre im leicht feuchten Torf gelagert werden.
Besonderheiten: Vergleichbar mit den Afrikanischen *Nothobranchius*-Arten laichen die Fächerfische im Bodengrund ab und tauchen hierzu regelrecht in den Torf ein.
Mein Tip: Einen kleinen Plastikbehälter mit Torf und einer kleinen Öffnung an der Oberseite ins Aquarium stellen. Die Fächerfische lernen diese Ablaichmöglichkeit bald kennen und nehmen sie gern an. So verteilt sich der Torf nicht im ganzen Aquarium, wird nicht mit Futterresten und Kot der Fische verunreinigt und kann jeden Monat leicht ausgetauscht werden. Der Torf wird durchgesehen, ob Eier enthalten sind, antrocknen gelassen, bis er noch leicht feucht ist und dann kühl, etwa im Keller, bei 10 bis 15 °C gelagert.

Haltung

Haltungsaquarium: 20 l für ein Trio.
Wasser: 2 bis 10 °dGH, 0 bis 6 °KH, pH 6 bis 7,0; 20 bis 26 °C.
Fütterung: Alle passenden Futtersorten.

Zucht

Zuchtaquarium: Wie Haltungsaquarium.
Zuchtwasser: 0 bis 10 °dGH, 0 bis 4 °KH, pH 6,0 bis 6,8; 22 bis 28 °C.
Fütterung der Elterntiere: Lebend- und Frostfutter, besonders Mückenlarven, kleine Fliegen und andere Insekten.
Zuchtmethode: Ansatz eines Trios.
Aufzucht: Schlupf nach 3 bis 5 Monaten.

Schwarzflossen Fächerfisch

Art: *Cynolebias nigripinnis* RE-GAN, 1912 (8 cm).
Verbreitung: Südamerika, Argentinien.
Lebensraum: Kleingewässer aller Art, vor allem Gräben und Tümpel.
Lebensweise: In freien Gruppen.
Nahrung: Kleine Wassertiere und Anflug.
Fortpflanzung: Bodenlaicher.

Haltung

Haltungsaquarium: 30 l für ein Trio.
Wasser: 2 bis 15 °dGH, 0 bis 6 °KH, pH 6 bis 7; 20 bis 26 °C.
Fütterung: Alle passenden Futtersorten, kleinere Insekten werden gern verzehrt.

Zucht

Zuchtaquarium: Wie Haltungsaquarium.
Zuchtwasser: 0 bis 10 °dGH, 0 bis 4 °KH, pH 6,0 bis 6,8; 22 bis 28 °C.
Fütterung der Elterntiere: Lebend- und Frostfutter, besonders Mückenlarven, kleine Fliegen und andere Insekten.
Zuchtmethode: Ansatz eines Trios oder besser einer Gruppe mit Weibchenüberzahl im Daueransatz.
Aufzucht: Der Schlupf der Jungfische ist von der Lagerungstemperatur abhängig. Nach etwa drei Monaten kann es versucht werden, den Torf erstmals mit Aquarienwasser aufzugießen. Sind durch die Eihüllen die Larven sichtbar, die Jungfische wollen jedoch nicht schlüpfen, dann kann der Schlupf durch besonders sauerstoffarmes Wasser gefördert werden. Aus diesem Wasser müssen die geschlüpften Fischlein selbstverständlich sofort herausgefangen werden.

Perlmutt-Fächerfisch

Art: *Cynolebias whitei* MYERS, 1942 (6-7 cm).
Verbreitung: Südamerika, Brasilien.
Lebensraum: Kleingewässer aller Art.
Lebensweise: In freien Gruppen.
Nahrung: Kleine Wassertiere und Anflug.
Fortpflanzung: Substratlaicher.
Besonderheiten: Eine attraktive Art, der teilweise auch *Cynolebias alexandri* zugerechnet wird.

Haltung

Haltungsaquarium: 20 l für ein Trio, mit einer hohen Torfschicht als Boden.
Wasser: 2 bis 20 °dGH, 0 bis 8 °KH, pH 6 bis 7,2; 20 bis 26 °C.
Fütterung: Alle passenden Futtersorten.

Zucht

Zuchtaquarium: Wie Haltungsaquarium.
Zuchtwasser: 0 bis 15 °dGH, 0 bis 4 °KH, pH 5,8 bis 6,8; 22 bis 25 °C.
Fütterung der Elterntiere: Lebend- und Frostfutter, besonders Mückenlarven.
Zuchtmethode: Ansatz eines Trios.
Aufzucht: Schlupf nach drei bis vier Wochen, Ernährung der Jungfische mit feinem Lebendfutter, *Artemia*-Nauplien.
Besonderheiten: Der abgebildete Albino ist nicht sonderlich attraktiv, die Wildform ähnelt Alexanders Fächerfisch, *Cynolebias alexandri*, vgl. S. 59, das Männchen ist jedoch zur Balz dunkler.

Gattung *Diapteron*
Orange-Prachtkärpfling

Art: *Diapteron fulgens* (RADDA, 1975)
(3-4 cm).
Verbreitung: Westafrika, Gabun.
Lebensraum: Kleingewässer aller Art.
Lebensweise: In freien Gruppen.
Nahrung: Kleine Wassertiere und Anflug.
Fortpflanzung: Dauer-Substratlaicher.
Besonderheiten: Die Gattung *Diapteron*
steht *Aphyosemion* sehr nahe und wird
von manchen Wissenschaftlern lediglich
als Untergattung anerkannt.

Haltung

Haltungsaquarium: 10 l für ein Paar, es
muß viele Verstecke aufweisen und sollte dicht bepflanzt sein.
Wasser: 2 bis 20 °dGH, 0 bis 8 °KH, pH 6
bis 7,5; 20 bis 24 °C.
Fütterung: Alle passenden Futtersorten.

Zucht

Zuchtaquarium: Wie Haltungsaquarium.
Zuchtwasser: 0 bis 15 °dGH, 0 bis 4 °KH,
pH 5,8 bis 6,8; 22 bis 25 °C.
Fütterung der Elterntiere: Lebend- und
Frostfutter, besonders Mückenlarven,
ergänzt durch Flockenfutter.
Zuchtmethode: Ansatz eines Paars.
Aufzucht: Schlupf bereits nach zwei bis
drei Wochen, Ernährung der Jungfische
mit feinem Lebendfutter, Räder- und Pantoffeltierchen sowie *Artemia*-Nauplien.

Afrikanische Hechtlinge
Gattung *Epiplatys*
Querstreifen-Hechtling

Art: *Epiplatys fasciolatus*
(GÜNTHER, 1866) (9 cm).
Verbreitung: Westafrika.
Lebensraum: Kleingewässer des
tropischen Regenwalds.
Lebensweise: Einzelgänger.
Nahrung: Kleine Wassertiere und Anflug.
Fortpflanzung: Dauer-Substratlaicher.
Besonderheiten: Von den zahlreichen
Fundortvarianten wurden einige als eige-
ne Unterarten und Arten beschrieben.
Viele davon sind jedoch kaum anerkannt.

Haltung

Haltungsaquarium: 20 l für ein Trio oder
mindestens 60 l für eine Gruppe im bepflanzten Gesellschaftsaquarium.
Wasser: 2 bis 20 °dGH, 0 bis 8 °KH, pH 6
bis 7,5; 22 bis 28 °C.
Fütterung: Alle passenden Futtersorten,
Lebend- und Gefrierfuttersorten werden jedoch bevorzugt akzeptiert.

Zucht

Zuchtaquarium: Wie Haltungsaquarium, versteckreich mit vielen Schwimmpflanzen zur Beschattung und als Laichsubstrat eingerichtet.

Zuchtwasser: 0 bis 15 °dGH, 0 bis 4 °KH, pH 5,8 bis 6,8; 24 bis 28 °C.

Fütterung der Elterntiere: Lebend- und Frostfutter, besonders Mückenlarven, Fluginsekten und deren Larven.

Zuchtmethode: Daueransatz im Trio oder in einer Gruppe.

Aufzucht: Schlupf nach zwei Wochen, Ernährung der Jungfische mit feinem Lebendfutter wie *Artemia*-Nauplien.

Sechsbandhechtling

Art: *Epiplatys sexfasciatus* (BOULENGER, 1899) (11 cm).

Verbreitung: Im tropischen Westafrika weit verbreitet.

Lebensraum: Kleingewässer des tropischen Regenwalds.

Lebensweise: Einzelgänger.

Nahrung: Kleine Wassertiere und Anflug.

Fortpflanzung: Dauer-Substratlaicher.

Besonderheiten: Wie bei *Epiplatys fasciolatus* gibt es auch von *E. sexfasciatus* zahlreichen Fundortvarianten, wovon ebenfalls einige als eigene Unterarten und Arten beschrieben wurden; auch hiervon sind viele nicht anerkannt.

Haltung

Haltungsaquarium: 20 l für ein Trio oder mindestens 60 l für eine Gruppe im bepflanzten Gesellschaftsaquarium.

Wasser: 2 bis 20 °dGH, 0 bis 8 °KH, pH 6 bis 7,5; 22 bis 28 °C.

Fütterung: Alle passenden Futtersorten, Lebend- und Gefrierfuttersorten werden jedoch bevorzugt akzeptiert.

Zucht

Zuchtaquarium: Wie das Haltungsaquarium muß es versteckreich mit vielen Schwimmpflanzen zur Beschattung und als Laichsubstrat eingerichtet sein.

Zuchtwasser: 0 bis 15 °dGH, 0 bis 4 °KH, pH 5,8 bis 6,8; 24 bis 28 °C.

Fütterung der Elterntiere: Lebend- und Frostfutter, besonders Mückenlarven, Fluginsekten und deren Larven.

Zuchtmethode: Daueransatz im Trio oder in der Gruppe. Die Jungen können leicht abgeschöpft werden, da sie dicht unter der Wasseroberfläche schwimmen. Sie werden in gesonderte Aufzuchtaquarien überführt.

Aufzucht: Schlupf nach zwei Wochen, Ernährung der Jungfische mit feinem Lebendfutter wie *Artemia*-Nauplien. Die Jungen müssen nach der Größe sortiert werden, weil sie kannibalisch sind.

Sechsband-hechtlingmännchen, Epiplatys sexfasciatus. Diese attraktive Farbform ist zum - als eigene Art beschriebenen - E. lamottei sehr ähnlich.

Das Tanganjika-see-Leuchtauge, Lamprichthys tanganicanus, ist ein ungewöhnlicher Killifisch. Foto: Aqualife Taiwan

Gattung *Lamprichthys* Tanganjikasee-Leuchtauge

Art: *Lamprichthys tanganicanus* (BOULENGER, 1898 (14 cm).
Verbreitung: Afrika, Tanganjikasee.
Lebensraum: Im Freiwasser des Tanganjikasees.
Lebensweise: In großen Schwärmen.
Nahrung: Kleine Wassertiere.
Fortpflanzung: Dauer-Substratlaicher, beispielsweise in Felsspalten.
Besonderheiten: Die Art ist der einzige Killifisch, der das Freiwasser des Tanganjikasees erfolgreich besiedeln konnte.

Haltung

Haltungsaquarium: 200 l für einen Schwarm mit mindestens zwölf Fischen.
Wasser: 12 bis 20 °dGH, 5 bis 12 °KH, pH 7,2 bis 8; 24 bis 28 °C.
Fütterung: Alle passenden Futtersorten. auch Flocken- und Granulatfutter.

Zucht

Zuchtaquarium: Wie Haltungsaquarium.
Zuchtwasser: 12 bis 20 °dGH, 5 bis 10 °KH, pH 7,2 bis 7,8; 25 bis 28 °C. In manchen Fällen ist ein Salzzusatz erforderlich.
Fütterung der Elterntiere: Lebend- und Frostfutter, besonders Mückenlarven, ergänzt durch Flocken- und Tabletten-

futter sowie kleine Fluginsekten, um einen guten Laichansatz bei den Weibchen zu erzielen.
Zuchtmethode: Dauer-Schwarmansatz im Haltungsaquarium.
Aufzucht: Schlupf nach drei bis sechs Wochen. Die Ernährung der Jungfische ist mit feinem Lebendfutter, wie mit *Artemia*-Nauplien, fast problemlos.
Besonderheiten: Die Tanganjikasee-Leuchtaugen sondern sich paarweise vom Schwarm ab und laichen in dessen Nähe an den Felsküsten. Die befruchteten Eier werden vom Weibchen in schmale Felsspalten gedrückt. Dennoch fällt den Räubern viel Laich zum Opfer.
Mein Tip: Im Aquarium können die als Laichsubstrat erforderlichen Felsspalten durch in Korkplatten geschnittene Spalten imitiert werden, die von den Leuchtaugen gern akzeptiert werden. Auf diese Weise kann das Laichsubstrat täglich ausgetauscht und in ein spezielles Aufzuchtaquarium überführt werden. Alle zwei Wochen muß ein neues Aquarium zur Verfügung stehen. Denn die Jungen sind zwar nicht kannibalisch, doch dürfen die Größenunterschiede dennoch nicht zu groß sein, weil die Kleineren sonst nicht genügend Futter abbekommen und dadurch im Wachstum noch mehr zurückbleiben. Das trifft vor allem die Weibchen, die ohnehin kleiner als die Männchen sind. Wenn die Weibchen im Wachstum bereits als Jungfische nicht richtig mitwachsen, kann dadurch die gesamte Zucht gefährdet sein. Deshalb trennen manche Züchter die Geschlechter.

Gattung *Neofundulus*
Paraguaykärpfling

Art: *Neofundulus paraguayensis* (EI-GENMANN & KENNEDY, 1903) (5-7 cm).
Verbreitung: Südamerika, Paraguay und Brasilien.
Lebensraum: Kleingewässer aller Art.
Lebensweise: In kleinen Gruppen.
Nahrung: Kleine Wassertiere und Anflug.
Fortpflanzung: Dauer-Substratlaicher.
Besonderheiten: Eine attraktive und relativ friedliche Art.

Haltung

Haltungsaquarium: 20 l für ein Trio, mit Torffasern und feinfiedrigen Pflanzen als Laichsubstrate sowie versteckreich eingerichtet. Schwimmpflanzen sind günstig.
Wasser: 2 bis 20 °dGH, 0 bis 8 °KH, pH 6 bis 7,5; 20 bis 24 °C.
Fütterung: Alle passenden Futtersorten, vor allem Lebendfutter.

Zucht

Zuchtaquarium: Wie Haltungsaquarium.
Zuchtwasser: 0 bis 15 °dGH, 0 bis 4 °KH, pH 5,8 bis 6,8; 22 bis 26 °C.
Fütterung der Elterntiere: Lebend- und Frostfutter, besonders Mückenlarven.
Zuchtmethode: Ansatz eines Trios.
Aufzucht: Schlupf nach vier bis acht Wo-

chen. Dieser Zeitraum darf nicht wesentlich verlängert werden, weil sonst mißgebildete Jungfische schlüpfen. Der Wasserstand darf beim Aufgießen des Torfs wenige Zentimeter Höhe nicht überschreiten. Ernährung der Jungen mit feinem Lebendfutter.
Besonderheiten: In der Natur kommt die Art meist gemeinsam mit weiteren Killifischarten vor.

Paraguaykärpflingmännchen, Neofundulus paraguayensis. Foto: Aqualife Taiwan

Prachtgrundkärpflinge
Gattung *Nothobranchius*
Orchideen-
Prachtgrundkärpfling

Art: *Nothobranchius eggersi* SEEGERS, 1982 (5 cm).
Verbreitung: Afrika, Ost-Tansania.
Lebensraum: Kleingewässer aller Art.
Lebensweise: In freien Gruppen.
Nahrung: Tümpel, kleine Teiche und andere temporäre stehende Gewässer.
Fortpflanzung: Substratlaicher.
Besonderheiten: Kurzlebige Art. Es gibt

Orchideen-Prachtgrundkärpflingmännchen, Nothobranchius eggersi, „blau". Foto: Aqualife Taiwan

65

*Foerschs
Prachtgrund-
kärpflingmänn-
chen,* Notho-
branchius
foerschi.
*Foto: Aqualife
Taiwan*

mehrere sehr unterschiedliche Farbvarianten, die teilweise im gleichen Lebensraum gefunden wurden.

Haltung

Haltungsaquarium: 20 l für ein Trio, besser in größeren Aquarien in Gruppen pflegen. Durch die Trennung der Geschlechter kann die Lebenserwartung der Fische stark verlängert werden, weil sie sich dann nicht beim häufigen Ablaichen verausgaben. Torf ist ein ideales Laichsubstrat, das auch im Haltungsaquarium nicht fehlen darf.

Wasser: 2 bis 20 °dGH, 0 bis 8 °KH, pH 6 bis 7,5; 22 bis 26 °C.

Fütterung: Alle passenden Futtersorten, bevorzugt jedoch Lebendfutter.

Zucht

Zuchtaquarium: Wie Haltungsaquarium.

Zuchtwasser: 0 bis 15 °dGH, 0 bis 4 °KH, pH 5,8 bis 6,8; 22 bis 28 °C.

Fütterung der Elterntiere: Lebend- und Frostfutter, besonders Mückenlarven, ergänzt durch Flockenfutter.

Zuchtmethode: Ansatz eines Trios.

Aufzucht: Schlupf nach etwa sechs Wochen trockener Aufbewahrung des Laichsubstrats mit den Eiern, beispielsweise im Plastikbeutel im Keller. Ernährung der Jungfische mit feinem Lebendfutter, wie frisch geschlüpften Nauplien.

Besonderheiten: Die Eier machen eine Eientwicklungspause durch, die vom Züchter unbedingt beachtet werden muß, weil zu früh aufgegossene Eier verderben, wenn sie nicht wieder trockengelegt werden.

Foerschs Prachtgrundkärpfling

Art: *Nothobranchius foerschi* WILDEKAMP & BERKENKAMP, 1979 (5 cm).

Verbreitung: Ostafrika, Tansania.

Lebensraum: Temporäre Kleingewässer.

Lebensweise: In freien Gruppen.

Nahrung: Kleine Wassertiere und Anflug.

Fortpflanzung: Substratlaicher.

Besonderheiten: Auch von dieser Art sind unterschiedliche Farbformen bekannt.

Haltung

Haltungsaquarium: 20 l für ein Trio.

Wasser: 2 bis 20 °dGH, 0 bis 8 °KH, pH 6 bis 7,2; 22 bis 26 °C.

Fütterung: Alle passenden Futtersorten.

Zucht

Zuchtaquarium: Wie Haltungsaquarium.

Zuchtwasser: 0 bis 15 °dGH, 0 bis 4 °KH, pH 5,8 bis 6,8; 22 bis 28 °C.

Fütterung der Elterntiere: Lebend- und Frostfutter, besonders Mückenlarven.

Zuchtmethode: Daueransatz eines Trios.

Aufzucht: Schlupf nach etwa sechs bis acht Wochen, Ernährung der Jungfische mit feinem Lebendfutter.

Mein Tip: Die Geschlechter hin und wieder trennen, damit die Weibchen sich erholen können und dadurch besser erneut Laich ansetzen.

Günthers
Prachtgrundkärpfling

Art: *Nothobranchius guentheri* (PFEF-FER, 1893) (4-5 cm).
Verbreitung: Ostafrika, Tansania, Insel Sansibar.
Lebensraum: Tümpel und andere temporäre Kleingewässer.
Lebensweise: In freien Gruppen.
Nahrung: Kleine Wassertiere und Anflugnahrung.
Fortpflanzung: Substratlaicher.
Besonderheiten: Auch von dieser Form sind unterschiedliche Farbvarianten bekannt.

Haltung

Haltungsaquarium: 20 l für ein Paar oder Trio; Torf ist wichtig.
Wasser: 2 bis 20 °dGH, 0 bis 8 °KH, pH 6 bis 7,2; 22 bis 26 °C.
Fütterung: Alle in der Größe passenden Futtersorten.

Zucht

Zuchtaquarium: Wie Haltungsaquarium.
Zuchtwasser: 0 bis 15 °dGH, 0 bis 4 °KH, pH 5,8 bis 6,8; 22 bis 28 °C.
Fütterung der Elterntiere: Lebend- und Frostfutter, besonders Weiße Mückenlarven.
Zuchtmethode: Daueransatz eines Paars oder Trios.

Aufzucht: Schlupf nach etwa sechs bis acht Wochen, Ernährung der Jungfische mit feinem Lebendfutter, wie Rädertierchen oder *Artemia*-Nauplien.
Mein Tip: Die Geschlechter sollten hin und wieder getrennt werden, damit die Weibchen sich erholen und besser erneut Laich ansetzen können. Die verschiedenen Farbformen kommen manchmal am gleichen Fundort vor. Keinesfalls dürfen jedoch unterschiedliche Fundortvarianten miteinander vermischt werden, weil daraus entstehende Bastarde unfruchtbar sein könnten.

Günthers Prachtgrundkärpflingmännchen, Nothobranchius guentheri, blaue Form.

Günthers Prachtgrundkärpflingmännchen, N. guentheri, rote Form.

Günthers Prachtgrundkärpflingmännchen, N. guentheri, gelbe Form.
Fotos: Aqualife Taiwan

Kirks Prachtgrundkärpfling

Art: *Nothobranchius kirki* JUBB, 1969
(6 cm).
Verbreitung: Ostafrika, Malawi.
Lebensraum: Tümpel und temporäre
Kleingewässer; nicht im Malawisee.
Lebensweise: In freien Gruppen.
Nahrung: Kleine Wassertiere und Anflug.
Fortpflanzung: Substratlaicher.

Haltung

Haltungsaquarium: 20 l für ein Trio.
Wasser: 2 bis 20 °dGH, 0 bis 8 °KH, pH 6
bis 7,2; 22 bis 26 °C.
Fütterung: Alle passenden Futtersorten.

Zucht

Zuchtaquarium: Wie Haltungsaquarium.
Zuchtwasser: 0 bis 15 °dGH, 0 bis 4 °KH,
pH 5,8 bis 6,8; 22 bis 28 °C.
Fütterung der Elterntiere: Lebend- und
Frostfutter, besonders Mückenlarven.
Zuchtmethode: Daueransatz eines Paars
oder Trios. Auch der zeitlich beschränkte Gruppenansatz ist sinnvoll.
Aufzucht: Schlupf erst nach etwa sieben
Monaten, Ernährung der Jungfische mit
feinem Lebendfutter, wie Rädertierchen
oder *Artemia*-Nauplien.
Mein Tip: Die Fische dürfen keinesfalls mit
anderen *Nothobranchius*-Arten und -Fun-
dortformen vermischt werden.

Korthaus Prachtgrundkärpfling

Art: *Nothobranchius korthau-
sae* MEINKEN, 1973 (6 cm).
Verbreitung: Ostafrika, Tansania,
Insel Mafia.
Lebensraum: Tümpel und ande-
re temporäre Kleingewässer.
Lebensweise: In freien Gruppen.
Nahrung: Kleine Wassertiere und Anflug.
Fortpflanzung: Substratlaicher.
Besonderheiten: Hierbei handelt es sich
um eine weitere Art mit mehreren nach-
gewiesenen Farbvarianten.

Haltung

Haltungsaquarium: 20 l für ein Trio oder
eine kleine Gruppe; dann mit vielen
Versteckmöglichkeiten für die Weibchen und unterdrückten Männchen.
Wasser: 2 bis 20 °dGH, 0 bis 8 °KH, pH 6
bis 7,2; 22 bis 26 °C.
Fütterung: Alle passenden Futtersorten.

Zucht

Zuchtaquarium: Wie Haltungsaquarium,
Torf wird als Laichsubstrat benötigt.
Zuchtwasser: 0 bis 15 °dGH, 0 bis 4 °KH,
pH 5,8 bis 6,8; 22 bis 28 °C.
Fütterung der Elterntiere: Lebend- und
Frostfutter, besonders Mückenlarven.
Zuchtmethode: Daueransatz eines Trios.
Besser ist der zeitlich beschränkte Grup-
penansatz mit einer Weibchenüberzahl.
Aufzucht: Schlupf nach etwa sechs bis
acht Wochen, Ernährung der Jungfische
mit feinem Lebendfutter, wie Räder-
tierchen oder *Artemia*-Nauplien.
Mein Tip: Immer mehrere Weibchen zum
Männchen setzen, da sie vom Männchen
stark angebalzt und verfolgt werden.

Grüner Prachtgrundkärpfling

Art: *Nothobranchius lourensi* WILDEKAMP, 1977 (5 cm).
Verbreitung: Ostafrika, Tansania.
Lebensraum: Tümpel und andere temporäre Kleingewässer.
Lebensweise: In freien Gruppen.
Nahrung: Kleine Wassertiere und Anflug, vor allem Insekten.
Fortpflanzung: Substratlaicher.

Haltung

Haltungsaquarium: 20 l für ein Trio oder eine kleine Gruppe.
Wasser: 2 bis 20 °dGH, 0 bis 8 °KH, pH 6 bis 7,2; 22 bis 26 °C.
Fütterung: Alle ins Maul passenden Futtersorten.

Zucht

Zuchtaquarium: Wie Haltungsaquarium, Torf ist als Laichsubstrat wichtig.
Zuchtwasser: 0 bis 15 °dGH, 0 bis 4 °KH, pH 5,8 bis 6,8; 22 bis 28 °C.
Fütterung der Elterntiere: Lebend- und Frostfutter, besonders Mückenlarven.
Zuchtmethode: Daueransatz eines Trios. Besser ist der zeitlich beschränkte Gruppenansatz mit einer Weibchenüberzahl.
Aufzucht: Schlupf nach etwa sechs bis acht Wochen, Ernährung der Jungfische mit feinem Lebendfutter, wie Rädertierchen oder *Artemia*-Nauplien.
Besonderheiten: Nahe mit *Nothobranchius korthausae* von der Insel Mafia verwandt.

Korthaus Prachtgrundkärpflingmännchen, N. korthausae, rote Form. Alle bisher bekannten Varianten dieser Art stammen von der Insel Mafia.

Korthaus Prachtgrundkärpflingmännchen, N. korthausae, blaue Form.

Grünes Prachtgrundkärpflingmännchen, N. lourensi.

Fotos: Aqualife Taiwan

Patriz Prachtgrundkärpfling

Art: *Nothobranchius patrizii* (VINCI-
GUERRA, 1927) (5 cm).
Verbreitung: Ostafrika, Tansania, Somalia.
Lebensraum: Tümpel, Teiche und ande-
re temporäre Kleingewässer.
Lebensweise: In freien Gruppen.
Nahrung: Kleine Wassertiere und Anflug,
vor allem Insekten.
Fortpflanzung: Substratlaicher.

Haltung

Haltungsaquarium: 20 l für ein Trio oder
60 l für eine kleine Gruppe.
Wasser: 2 bis 20 °dGH, 0 bis 8 °KH, pH 6
bis 7,2; 22 bis 26 °C.
Fütterung: Alle ins relativ kleine Maul der
Fische passenden Futtersorten.

Zucht

Zuchtaquarium: Wie Haltungsaquarium,
Torf ist als Laichsubstrat wichtig.
Zuchtwasser: 0 bis 15 °dGH, 0 bis 4 °KH,
pH 5,8 bis 6,8; 22 bis 28 °C.
Fütterung der Elterntiere: Lebendfutter.
Zuchtmethode: Daueransatz eines Trios.
Besser ist der zeitlich beschränkte Grup-
penansatz mit Weibchenüberzahl.
Aufzucht: Schlupf nach etwa sechs bis
zwölf Wochen, Ernährung der Jungfi-
sche mit feinem Lebendfutter, wie Rä-
der-, Pantoffeltierchen oder *Artemia*.

Rachovs Prachtgrundkärpfling

Art: *Nothobranchius rachovii*
AHL, 1926 (5 cm).
Verbreitung: Ostafrika, Mosambi-
que, Tansania, Südafrika.
Lebensraum: Tümpel und ande-
re temporäre Kleingewässer.
Lebensweise: In freien Gruppen.
Nahrung: Kleine Wassertiere und Anflug,
vor allem Insekten.
Fortpflanzung: Substratlaicher.

Haltung

Haltungsaquarium: 20 l für ein Trio oder
60 l für eine kleine Gruppe.
Wasser: 2 bis 20 °dGH, 0 bis 8 °KH, pH 6
bis 7,2; 18 bis 24 °C.
Fütterung: Alle passenden Futtersorten.
Besonderheiten: Die Art bevorzugt weiches und leicht saures Wasser.

Zucht

Zuchtaquarium: Wie Haltungsaquarium,
Torf ist als Laichsubstrat unentbehrlich.
Zuchtwasser: 0 bis 10 °dGH, 0 bis 4 °KH,
pH 5,8 bis 6,8; 20 bis 25 °C.
Fütterung der Elterntiere: Lebendfutter.
Zuchtmethode: Daueransatz eines Trios.
Besser ist der zeitlich beschränkte Gruppenansatz mit Weibchenüberzahl.
Aufzucht: Schlupf nach etwa sechs bis
zehn Wochen, Ernährung der Jungfische
mit feinem Lebendfutter, wie Rädertierchen oder *Artemia*-Nauplien.
Besonderheiten: Für die Aufbewahrung
der Eier hat es sich bewährt, den feuchten Torf mit den Eiern nicht in Plastikbeuteln, sondern in verschließbaren Pla-
stikschalen - die allerdings nicht völlig
luftdicht sein dürfen - unterzubringen.

Rotflossen-Prachtgrundkärpfling

Art: *Nothobranchius rubripinnis* SEEGERS, 1986 (5 cm).
Verbreitung: Ostafrika, Tansania.
Lebensraum: Tümpel, kleine Teiche und andere temporäre Kleingewässer.
Lebensweise: In freien Gruppen.
Nahrung: Kleine Wassertiere und vor allem Anfluginsekten.
Fortpflanzung: Substratlaicher.

Haltung

Haltungsaquarium: 20 l für ein Trio oder 60 l für eine kleine Gruppe mit Weibchenüberzahl.
Wasser: 2 bis 20 °dGH, 0 bis 8 °KH, pH 6 bis 7,2; 20 bis 24 °C.
Fütterung: Alle passenden Futtersorten.
Besonderheiten: Die Art bevorzugt weiches und leicht saures Wasser.

Zucht

Zuchtaquarium: Wie Haltungsaquarium, Torf ist als Laichsubstrat wichtig.
Zuchtwasser: 0 bis 10 °dGH, 0 bis 4 °KH, pH 5,8 bis 6,8; 20 bis 25 °C.
Fütterung der Elterntiere: Lebendfutter.
Zuchtmethode: Daueransatz eines Trios. Auch bei dieser Art hat sich der zeitlich beschränkte Gruppenansatz mit Weib-

chenüberzahl bewährt. Zwischenzeitlich werden die Geschlechter getrennt, damit die Weibchen sich erholen und erneut Laich ansetzen können.

Aufzucht: Schlupf nach etwa sechs bis acht Wochen, Ernährung der kleinen Jungfische mit feinem Lebendfutter, wie Pantoffel- und Rädertierchen. Erst nach etwa zehn Tagen können auch *Artemia*-Nauplien und feines Flockenfutter angeboten werden.

Die Jungfische schlüpfen nicht sofort nach dem Aufgießen des Torfs, sondern erst nach einigen Stunden. Da nicht alle Jungfische beim ersten Aufgießen schlüpfen, ist es sinnvoll, den Torf mit den restlichen Eiern nach einem Tag wieder trockenzulegen und erneut drei bis vier Wochen zu lagern.

Prachtgrundkärpflinge sind sehr schnellwüchsig und bereits nach etwa zwei Monaten geschlechtsreif. Sie werden jedoch selten älter als ein Jahr.

Rachovs Prachtgrundkärpflingmännchen, N. rachovii. Diese prächtige Art ist nicht nur unter Killifischfreunden sehr beliebt; leider ist sie relativ empfindlich.

Rotflossen-Prachtgrundkärpflingmännchen, N. rubripinnis. Fotos: Aqualife Taiwan

*Tüpfelhechtling-
männchen,
Pachypanchax
playfairii. Die
Art wirkt manch-
mal etwas un-
scheinbar, ist
aber ein präch-
tiger Aquarien-
fisch.
Foto: Aqualife
Taiwan*

Gattung *Pachypanchax* Tüpfelhechtling

Art: *Pachypanchax playfairii* (GÜNTHER, 1866) (10 cm).
Verbreitung: Inseln im Osten Afrikas; Madagaskar, Sansibar, Seychellen.
Lebensraum: In stehenden und fließenden Kleingewässern.
Lebensweise: Gruppenweise, ist aber kein echter Schwarmfisch.
Nahrung: Kleine Wassertiere und Anflug.
Fortpflanzung: Substratlaicher.

Haltung

Haltungsaquarium: 30 l für ein Paar oder etwas größere Aquarien für die Gruppenhaltung. Eine gute Abdeckung ist wichtig, weil die Tüpfelhechtlinge viel und weit springen. Wasserpflanzen wie Sumatrafarn und Javamoos dürfen als Laichsubstrate nicht fehlen.
Wasser: 2 bis 20 °dGH, 0 bis 8 °KH, pH 6 bis 7,5; 10 bis 24 °C.
Fütterung: Es werden fast nur Lebend- und Gefrierfuttersorten akzeptiert. Es macht wenig Sinn, zu versuchen sie an Kunstfuttersorten zu gewöhnen. Besser ist es, eigene Futtertier-zuchten mit Würmern, wie Enchyträen und Essigälchen, aber auch Fruchtfliegen anzulegen.

Zucht

Zuchtaquarium: Wie Haltungsaquarium.
Zuchtwasser: 0 bis 15 °dGH, 0 bis 4 °KH, pH 6,5 bis 6,8; 22 bis 26 °C.
Fütterung der Elterntiere: Lebend- und Frostfutter, besonders Schwarze und Weiße Mückenlarven sowie *Drosophila*.
Zuchtmethode: Paarweiser Ansatz.
Aufzucht: Schlupf der Jungfische nach zwölf Tagen bis zwei Wochen; Ernährung mit feinem Lebendfutter, sie fressen sofort feine *Artemia*-Nauplien.
Besonderheiten: Zur Balz werden die Schuppen vom Männchen etwas gesträubt, was leicht als Krankheit mißgedeutet werden könnte.
Mein Tip: Bei meinen Fischen hat es sich bei jenen Arten, deren Eier keine Entwicklungspause durchmachen, bewährt, nicht das Laichsubstrat auszutauschen, sondern etwa alle zwei Wochen die Fische in ähnlich eingerichtete Aquarien umzusetzen. Hin und wieder können die Geschlechter für zwei bis drei Wochen getrennt werden, um danach eine umfangreichere Laichausbeute zu erzielen. Lediglich bei der Verwendung von Laichmops ist es einfacher, die Mops auszutauschen als die Fische umzusetzen. Dabei gehen aber immer einige Eier verloren, die an anderen Plätzen im Aquarium abgelaicht werden.

Gattung *Plataplochilus*
Nga-Leuchtauge
Art: *Plataplochilus ngaensis* (AHL, 1924) (5 cm).
Verbreitung: Westafrika, Gabun und Äquatorial-Guinea.
Lebensraum: Lebt bevorzugt in kleinen Fließgewässern und deren Überschwemmungsbereichen, seltener in stehenden Gewässern.
Lebensweise: Schwarmfisch.
Nahrung: Kleine Wassertiere und Anfluginsekten.
Fortpflanzung: Dauer-Substratlaicher.
Besonderheiten: Die Schreibweise des Artnamens beruht auf einem Schreibfehler bei der Herkunft der Fische aus dem Fluß Noja. Der Artname *P. ngaensis* ist trotzdem gültig und darf nicht grundlos geändert werden. Diese Namensfragen werden von einer speziellen zoologischen Nomenklaturkommision (ICZN) überwacht und kontrolliert.

Haltung
Haltungsaquarium: 40 l für einen kleinen Schwarm, mit vielen Pflanzen. Einige Moorkienholzstücke sind als Verstecke günstig, Torf wird nicht benötigt.
Wasser: 2 bis 20 °dGH, 0 bis 8 °KH, pH 6 bis 7,5; 20 bis 24 °C.
Fütterung: Alle passenden Futtersorten, bevorzugt wird Lebendfutter, die Leuchtaugen verzehren aber auch gerne Flockenfutter und andere kleine Nahrung.

Zucht
Zuchtaquarium: Wie Haltungsaquarium, eingehängte Laichmops sind ein ideales Laichsubstrat im Haltungsaquarium.

Zuchtwasser: 0 bis 15 °dGH, 0 bis 4 °KH, pH 6 bis 6,8; 22 bis 26 °C.
Fütterung der Elterntiere: Lebend- und Frostfutter, besonders Mückenlarven, ergänzt durch Flockenfutter.
Zuchtmethode: Daueransatz im Schwarm.
Aufzucht: Die Eier durchlaufen keine Diapause. Der Schlupf der Jungfische erfolgt nach etwa zwei Wochen. Die Ernährung erfolgt mit feinem Lebendfutter.

Nga-Leuchtaugenmännchen, Plataplochilus ngaensis; *ein weit verbreitetes Leuchtauge.*

Unten:
Abweichendes Leuchtaugenmännchen, Procatopus aberrans.
Fotos: Aqualife Taiwan

Gattung *Procatopus*
Abweichendes Leuchtauge
Art: *Procatopus aberrans* (AHL, 1927) (6 cm).

Verbreitung: Westafrika, Gabun und Äquatorial-Guinea.

Lebensraum: Lebt bevorzugt in kleinen Fließgewässern und deren Überschwemmungsbereichen, seltener in stehenden und temporären Gewässern.

Lebensweise: Geselliger Schwarmfisch.

Nahrung: Kleine Wassertiere und besonders Anfluginsekten.

Fortpflanzung: Dauer-Substratlaicher.

Besonderheiten: Die Gattung *Procatopus* ist mit *Plataplochilus* nahe verwandt.

Haltung
Haltungsaquarium: 40 l für einen kleinen Schwarm, mit vielen Pflanzen. Einige Moorkienholzstücke sind als Verstecke günstig; Torf wird nicht benötigt.

Wasser: 2 bis 20 °dGH, 0 bis 8 °KH, pH-Wert 6 bis 7,5; 20 bis 24 °C.

Fütterung: Alle passenden Futtersorten, bevorzugt wird Lebendfutter.

Zucht
Zuchtaquarium: Wie Haltungsaquarium, es werden jedoch - am besten schwimmende - Gegenstände mit feinen Ritzen und Spalten als Laichsubstrate benötigt.

Zuchtwasser: 0 bis 15 °dGH, 0 bis 4 °KH, pH 6 bis 6,8; 22 bis 26 °C.

Fütterung der Elterntiere: Lebend- und Frostfutter, besonders Mückenlarven.

Zuchtmethode: Daueransatz im Schwarm.

Aufzucht: Die Eier durchlaufen keine Diapause. Der Schlupf der Jungfische erfolgt nach einer bis zwei Wochen. Der Ernährung dient feines Lebendfutter.

Einfaches Leuchtauge
Art: *Procatopus similis* (AHL, 1927) (7 cm).

Verbreitung: Westafrika, Nigeria und Kamerun.

Lebensraum: Lebt bevorzugt in kleinen Fließgewässern und deren Überschwemmungsbereichen im Freiwasser.

Lebensweise: Schwarmfisch.

Nahrung: Kleine Wassertiere und vor allem kleinere Anfluginsekten.

Fortpflanzung: Dauer-Substratlaicher.

Besonderheiten: Die Gattung *Procatopus* ist mit *Plataplochilus* nahe verwandt. Die Gattung *Procatopus* ist jedoch durch einen Dornfortsatz an den Kiemendeckeln gekennzeichnet.

Haltung
Haltungsaquarium: 50 l für einen kleinen Schwarm, mit vielen Pflanzen. Einige Moorkienholzstücke sind als Verstecke günstig; Torf wird nicht benötigt.

Wasser: 2 bis 20 °dGH, 0 bis 8 °KH, pH 6 bis 7,5; 20 bis 24 °C.

Fütterung: Lebendfutter.

Zucht
Zuchtaquarium: Wie Haltungsaquarium, es sind jedoch Gegenstände mit feinen Ritzen und Spalten als Laichsubstrate nötig. Laichmops werden kaum akzeptiert.

Zuchtwasser: 0 bis 15 °dGH, 0 bis 4 °KH, pH 6 bis 6,8; 22 bis 26 °C.

Fütterung der Elterntiere: Lebend- und Frostfutter, besonders Mückenlarven.

Zuchtmethode: Daueransatz im Schwarm.

Aufzucht: Die Eier durchlaufen keine Entwicklungspause. Der Schlupf der Jungfische erfolgt nach einer bis zwei Wochen. Der Ernährung dient feines Lebendfutter.

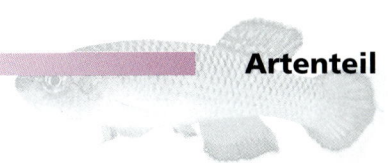

Gattung *Pseudepiplatys*
Ringelhechtling

Art: *Pseudepiplatys annulatus* (BOU-
LENGER, 1915) (4 cm).
Verbreitung: Westafrika, Guinea bis Niger
(im Tropenwald).
Lebensraum: Kleingewässer aller Art.
Lebensweise: In freien Gruppen.
Nahrung: Kleine Wassertiere und Anflug.
Fortpflanzung: Substratlaicher.
Besonderheiten: Die Art meidet die Ge-
wässer des Freilands (Savannen).

Haltung

Haltungsaquarium: 20 l für ein Trio.
Wasser: 2 bis 12 °dGH, 0 bis 6 °KH, pH 6
bis 7; 20 bis 24 °C.
Fütterung: Ausschließlich kleines Lebendfutter, in Ausnahmefällen Frostfutter und
gefriergetrocknete Nahrung.

Zucht

Zuchtaquarium: Wie Haltungsaquarium, viel Javamoos.
Zuchtwasser: 0 bis 5 °dGH, 0 bis
2 °KH, pH 5,0 bis 5,6; 22 bis 25 °C.
Fütterung der Elterntiere: Lebend-
und Frostfutter, besonders Mükkenlarven und Fruchtfliegen.
Zuchtmethode: Ansatz eines Trios. Die
Fische benötigen kein eigenes Zuchtaquarium, da die Vermehrung auch im
gewöhnlichen Artaquarium gelingt. Als
Laichsubstrate müssen sich Javamoos
und Sumatrafarn im Aquarium befinden.
Aufzucht: Die Eier sind sehr klein. Die Jungen schlüpfen bereits nach acht bis elf
Tagen. Die Ernährung der kleinen Jungfische muß mit sehr feinem Lebendfutter erfolgen. Sie können im Aquarium
bei den Eltern bleiben, da letztere nicht
kannibalisch sind.
Besonderheiten: Die jungen Ringelhechtlinge wachsen sehr langsam, denn erst
nach etwa einem halben Jahr sind sie geschlechtsreif.
Mein Tip: Da es sich um einen empfindlichen Fisch handelt, dessen
Zucht immer noch etwas beson-
deres ist, sollten die sich im
Aquarium bei den Eltern ent-
wickelnden Jungen mit etwas
Wasser abgeschöpft und in spezielle Aufzuchtaquarien überführt werden. Um das ohnehin
langsame Wachstum besser zu
fördern, ist es besser, die kleinen
Ringelhechtlinge nach der Grös-
se zu sortieren, damit die kleineren besser ans Futter gelangen.

*Einfaches
Leuchtaugen-
männchen,
Procatopus
similis.
Leuchtaugen
sind etwas an-
spruchsvollere
Aquarienfische.
Das trifft
besonders auf
diese Art zu.
Foto: Aqualife
Taiwan*

*Ringelhechtling-
männchen,
Pseudepiplatys
annulatus.
Diese Fische
sind im Aquari-
um erheblich
empfindlicher
als die Vertreter
der nahe ver-
wandten Gat-
tung Epiplatys.
Foto: Aqualife
Taiwan*

Bachlinge
Gattung *Rivulus*
Blaustreifenbachling

Art: *Rivulus xiphidius* HUBER, 1979 (4-5 cm).

Verbreitung: Südamerika, Französisch Guyana.

Lebensraum: Langsam fließende und nahezu stehende Tropenwaldbäche, Uferbereiche.

Lebensweise: In freien Gruppen.

Nahrung: Kleine Wassertiere und vor allem Anfluginsekten.

Fortpflanzung: Substratlaicher.

Besonderheiten: Die farbenprächtige Art hebt sich besonders aus der Gattung hervor, die einige weniger farbige Arten enthält, welche jedoch meist viel leichter zu pflegen sind.

Haltung

Haltungsaquarium: 20 l für ein Trio. Versteckreich mit Moorkienholz und zahlreichen Wasserpflanzen eingerichtet. Torffasern sind als Laichsubstrat nicht notwendig, da die Bachlinge auch an feinfiedrigen Wasserpflanzen ablaichen.

Wasser: 0 bis 10 °dGH, 0 bis 4 °KH, pH 5,5 bis 6,8; 20 bis 25 °C.

Fütterung: Alle in der Größe passenden Lebendfuttersorten.

Zucht

Zuchtaquarium: Wie Haltungsaquarium.

Zuchtwasser: 0 bis 5 °dGH, 0 bis 2 °KH, pH 5,0 bis 6,0; 22 bis 26 °C.

Fütterung der Elterntiere: Lebend- und Frostfutter, besonders Fruchtfliegen.

Zuchtmethode: Ansatz eines Trios oder Daueransatz einer Gruppe mit drei bis vier Männchen und mindestens zehn Weibchen in einem 60 l Aquarium, wobei die geschlüpften Jungfische abgeschöpft werden. Leider sind bei den Nachzuchten die Männchen meist in der Überzahl, so daß solche Zuchtgruppen nicht leicht zusammenzustellen sind.

Aufzucht: Schlupf nach zwei bis vier Wochen, Ernährung der Jungfische mit feinem Lebendfutter.

Besonderheiten: Die Jungfische müssen gut beobachtet werden, um Verluste zu vermeiden, denn die Männchen sind sehr aggressiv untereinander.

Mein Tip: Als Neuling in der Killifischpflege sollten Sie sich nicht gleich mit dieser Art beschäftigen, das beugt einer sicheren Enttäuschung vor. Der erfahrene Killifischpfleger, der vor allem bereits Erfahrungen mit anderen Bachlingen gesammelt hat, sollte alle Daten zur Nachzucht gut notieren, da die Ursachen für die Geschlechtermißverhältnisse und die hohe Empfindlichkeit der Blaustreifenbachlinge noch weitgehend unbekannt sind.

Westliche Prachtkärpflinge
Gattung *Roloffia*
Goldfasan-Prachtkärpfling

Art: *Roloffia occidentalis* (CLAUSEN, 1966) (10 cm).

Verbreitung: Westafrika, Liberia und Sierra Leone.

Lebensraum: Kleingewässer aller Art, vor allem in sumpfigen Überschwemmungsbereichen und flachen Teichen. Die Art ist sowohl in den Gewässern der Savannen als auch der Tropenwälder vertreten.

Lebensweise: Einzelgänger.

Nahrung: Wassertiere und Anflug.

Fortpflanzung: Bodenlaicher.

Besonderheiten: Nicht von allen Wissenschaftlern wird die Gattung *Roloffia* anerkannt; manche stellen die Fische immer noch zu *Aphyosemion*, andere stellen weitere Namen zur Diskussion. Da noch keine endgültige Entscheidung gefallen ist, soll es hier beim bewährten Namen bleiben; es ist dennoch fast sicher, daß dieser alte Name keinen dauerhaften Bestand haben wird.

Haltung

Haltungsaquarium: 40 l für ein Trio, ab 100 l für eine Gruppe. Torffasern sind ein geeignetes Laichsubstrat. Eine Beschattung durch Schwimmpflanzen kommt den Ansprüchen der Fische nach Deckung sehr entgegen.

Wasser: 2 bis 16 °dGH, 0 bis 6 °KH, pH 6 bis 7,2; 20 bis 24 °C.

Fütterung: Alle passenden Futtersorten, bevorzugt jedoch Lebend- und Gefrierfutter, auch lebende Insekten sind eine willkommene Abwechslung im Speiseplan.

Zucht

Zuchtaquarium: Wie Haltungsaquarium.

Zuchtwasser: 0 bis 12 °dGH, 0 bis 4 °KH, pH 5,8 bis 6,8; 24 bis 27 °C.

Fütterung der Elterntiere: Lebend- und Frostfutter, besonders Schwarze und Weiße Mückenlarven, ergänzt durch Flocken- und Granulatfutter.

Zuchtmethode: Ansatz eines Paars oder Trios (auch Gruppenansatz möglich).

Aufzucht: Eine Trockenperiode muß eingehalten werden. Schlupf nach fünf bis sechs Monaten. Ernährung der Jungfische mit feinem Lebendfutter; sie bewältigen sofort feine *Artemia*-Nauplien.

Besonderheiten: Der Laich dieser Art muß relativ warm, bei 22 bis 25 °C gelagert werden.

Mein Tip: Der Laich sollte ab dem vierten Monat nach dem Ablaichen in wöchentlichem Abstand kontrolliert werden. Wenn die Augen der Embryonen durch die Eihülle sichtbar sind, dann ist der richtige Zeitpunkt gekommen.

Goldfasan-Prachtkärpflingmännchen, Roloffia occidentalis. Diese Art ist ein besonders prächtiger Killi, der die Beliebtheit dieser Fischgruppe in der Aquaristik wesentlich mitbegründete. Da bei der Zucht meist überzählige Männchen vorhanden sind, gibt es immer auch reichlich Fische, die im „Wohnzimmergesellschaftsaquarium mitgepflegt werden können. Solche Aquarien machen einen besonderen Reiz aus und sind dann eine echte Werbung für unser schönes Hobby. Foto: Aqualife Taiwan

Reiskärpflinge, Oryzias latipes *(Temminck & Schlegel, 1850). Die Fische stammen aus Ostasien und sind dort weit verbreitet. Foto: Aqualife Taiwan*

Reiskärpflinge
Gattung *Oryzias*

Diese Fische sind keine Killifische; sie werden jedoch in ihre nähere Verwandtschaft gestellt und oft von Killifreunden mitgepflegt. Heute werden sie als Oryziasartige als eigene Familie neben die Killifische gestellt. Die Reiskärpflinge wirken nicht nur auf den Aquarianer zu den Leuchtaugenfischen sehr ähnlich, denn diese Fische wurden auch von den Wissenschaftlern früher zusammengefaßt. Heute ist jedoch bekannt, daß sie näher mit anderen, recht ursprünglichen Fischen von der Indonesischen Insel Celebes verwandt sind.

Es gilt auch als sicher, daß sie sich von dieser Insel ausgehend auf den gesamt südostasiatischen Raum, nach Westen bis nach Pakistan, ausgebreitet haben. Entsprechend ihrer weiten Verbreitung sind die Reiskärpflinge in sehr unterschiedlichen Gewässern mit teilweise völlig unterschiedlicher Wasserchemie anzutreffen. Deshalb ist es wichtig, über die Herkunft der Fische bescheid zu wissen, denn nur so können ihre speziellen Ansprüche an die Wasserqualität erfüllt werden. Die meisten Reiskärpflinge sind jedoch recht anpassungsfähig und können zunächst bei mittleren Wasserwerten, 10 bis 12 °dGH, 4 bis 6 °KH, 80 bis 180 μS/cm, pH-Wert 6 bis 7,5 und 20 bis 25 °C gepflegt werden, bis ihre speziellen Ansprüche ermittelt oder vom Pfleger durch das Anzeigen ihres Wohlbefindens im Aquarium erkannt wurden. Im Allgemeinen ist es im Zweifelsfall eher besser, die Fische in weicherem und leicht sauerm Wasser zu pflegen als bei höheren Werten. In Bezug auf die Wassertemperatur sind die Reiskärpflinge besonders anspruchslos, weil sie völlig unterschiedliche Gewässer besiedeln, doch mögen sie es lieber ein paar Grad wärmer als die Killifische.

Die Reiskärpflinge leben meist sehr an die Wasseroberfläche orientiert; das ist auch daran gut erkennbar, daß sie eine fast gerade Rückenlinie besitzen. Entsprechend sind sie gut mit Anfluginsekten, im Aquarium also mit Fruchtfliegen, zu ernähren. Selbstverständlich verzehren sie auch gerne Mückenlarven, Wasserflöhe und ähnliches Futter.

Die Reisfische laichen meist nachts. Die Weibchen tragen die Eier in einer Art Traube einige Zeit mit sich herum, bis sie das Gelege an Wasserpflanzen abstreifen. Die Larven schlüpfen nach zehn Tagen bis zwei Wochen und können, ähnlich wie junge Killifische, relativ problemlos aufgezogen werden.

Balz und Ablaichen von Amiets Prachtkärpfling, Aphyosemion amieti.
Fotos: Dr. J. Schmidt

Bücher für Ihr Hobby

Mit der neuen Erfolgsreihe aus dem bede-Verlag bieten wir Ihnen zu Ihren Aquarienfischen das passende Buch.
Sie möchten in die Aquaristik einsteigen, oder Sie brauchen wertvolle Tips zur Haltung und Zucht Ihrer Fische, dann ist unsere neue Reihe genau das Richtige. Jeder der 26 Titel umfaßt 80 Seiten und ca. 80-100 faszinierende Farbaufnahmen.
Für nur DM 19,80 je Titel ein aquaristisches Muß für Hobby-Aquarianer.

Zwergcichliden
ISBN 3-931 792-29-3

Tanganjikaseecichliden
ISBN 3-931 792-44-7

Malawiseecichliden
ISBN 3-931 792-25-0

Corydoras-Panzerwelse
ISBN 3-931 792-26-9

Guppys
ISBN 3-931 792-28-5

Piranhas
ISBN 3-931 792-27-7

Skalare
ISBN 3-931 792-30-7

Diskus
ISBN 3-931 792-24-2

Guramis und Fadenfische
ISBN 3-931 792-48-X

Regenbogenfische
ISBN 3-931 792-45-5

Aquarienpflanzen
ISBN 3-931 792-66-8

Kaiser- und Falterfische
ISBN 3-931 792-47-1

Tropheus-Cichliden
ISBN 3-931 792-65-X

Das funktionierende Meerwasseraquarium
ISBN 3-931 792-46-3

Harnischwelse
ISBN 3-931 792-67-6

Amanos Naturaquarien
ISBN 3-931 792-68-4

Wirbellose im Meerwasseraquarium
ISBN 3-931 792-72-2

Paludarium
ISBN 3-931 792-70-6

Koikarpfen
ISBN 3-931 792-71-4

Killifische
ISBN 3-931 792-69-2

Gesunde Aquarienfische
ISBN 3-931 792-73-0

Salmler
ISBN 3-931 792-74-9

Welse
ISBN 3-931 792-75-7

Schleierkampffische
ISBN 3-931 792-76-5

Aquaristik für Einsteiger
ISBN 3-931 792-77-3

Diskuszucht
ISBN 3-931 792-78-1

Fordern Sie unverbindlich unseren Gesamtprospekt an!